CAPITALISMO PANDÊMICO

COLEÇÃO

Mundo do Trabalho

Coordenação **Ricardo Antunes**

Conselho editorial **Graça Druck, Luci Praun, Marco Aurélio Santana, Murillo van der Laan, Ricardo Festi, Ruy Braga**

ALÉM DA FÁBRICA
Marco Aurélio Santana e
José Ricardo Ramalho (orgs.)

O ARDIL DA FLEXIBILIDADE
Sadi Dal Rosso

ATUALIDADE HISTÓRICA DA
OFENSIVA SOCIALISTA
István Mészáros

A CÂMARA ESCURA
Jesus Ranieri

O CARACOL E SUA CONCHA
Ricardo Antunes

A CLASSE TRABALHADORA
Marcelo Badaró Mattos

O CONCEITO DE DIALÉTICA
EM LUKÁCS
István Mészáros

O CONTINENTE DO LABOR
Ricardo Antunes

A CRISE ESTRUTURAL DO CAPITAL
István Mészáros

CRÍTICA À RAZÃO INFORMAL
Manoel Luiz Malaguti

DA GRANDE NOITE
À ALTERNATIVA
Alain Bihr

DA MISÉRIA IDEOLÓGICA
À CRISE DO CAPITAL
Maria Orlanda Pinassi

A DÉCADA NEOLIBERAL E A CRISE
DOS SINDICATOS NO BRASIL
Adalberto Moreira Cardoso

A DESMEDIDA DO CAPITAL
Danièle Linhart

O DESAFIO E O FARDO
DO TEMPO HISTÓRICO
István Mészáros

DO CORPORATIVISMO AO
NEOLIBERALISMO
Angela Araújo (org.)

"É TUDO NOVO", DE NOVO
Vitor Araújo Filgueiras

A EDUCAÇÃO PARA ALÉM
DO CAPITAL
István Mészáros

O EMPREGO NA GLOBALIZAÇÃO
Marcio Pochmann

O EMPREGO NO
DESENVOLVIMENTO DA NAÇÃO
Marcio Pochmann

ESTRUTURA SOCIAL E
FORMAS DE CONSCIÊNCIA, 2v
István Mészáros

FILOSOFIA, IDEOLOGIA
E CIÊNCIA SOCIAL
István Mészáros

FORÇAS DO TRABALHO
Beverly J. Silver

FORDISMO E TOYOTISMO
Thomas Gounet

GÊNERO E TRABALHO
NO BRASIL E NA FRANÇA
Alice Rangel de Paiva Abreu, Helena Hirata
e Maria Rosa Lombardi (orgs.)

HOMENS PARTIDOS
Marco Aurélio Santana

INFOPROLETÁRIOS
Ricardo Antunes e Ruy Braga (orgs.)

OS LABORATÓRIOS DO
TRABALHO DIGITAL
Rafael Grohmann

LINHAS DE MONTAGEM
Antonio Luigi Negro

A MÁQUINA AUTOMOTIVA
EM SUAS PARTES
Geraldo Augusto Pinto

MAIS TRABALHO!
Sadi Dal Rosso

O MISTER DE FAZER DINHEIRO
Nise Jinkings

O MITO DA GRANDE CLASSE MÉDIA
Marcio Pochmann

A MONTANHA QUE DEVEMOS
CONQUISTAR
István Mészáros

NEOLIBERALISMO, TRABALHO
E SINDICATOS
Huw Beynon, José Ricardo Ramalho,
John McIlroy e Ricardo Antunes (orgs.)

NO ENTANTO, ELA SE MOVE
Iuri Tonelo

NOVA DIVISÃO SEXUAL
DO TRABALHO?
Helena Hirata

NOVA CLASSE MÉDIA
Marcio Pochmann

O NOVO (E PRECÁRIO) MUNDO
DO TRABALHO
Giovanni Alves

A OBRA DE SARTRE
István Mészáros

PARA ALÉM DO CAPITAL
István Mészáros

A PERDA DA RAZÃO SOCIAL
DO TRABALHO
Maria da Graça Druck e Tânia Franco (orgs.)

POBREZA E EXPLORAÇÃO DO
TRABALHO NA AMÉRICA LATINA
Pierre Salama

O PODER DA IDEOLOGIA
István Mészáros

A POLÍTICA DO PRECARIADO
Ruy Braga

O PRIVILÉGIO DA SERVIDÃO
Ricardo Antunes

A REBELDIA DO PRECARIADO
Ruy Braga

RETORNO À CONDIÇÃO OPERÁRIA
Stéphane Beaud e Michel Pialoux

RIQUEZA E MISÉRIA DO TRABALHO
NO BRASIL, 4v
Ricardo Antunes (org.)

O ROUBO DA FALA
Adalberto Paranhos

O SÉCULO XXI
István Mészáros

SEM MAQUIAGEM
Ludmila Costhek Abílio

OS SENTIDOS DO TRABALHO
Ricardo Antunes

SHOPPING CENTER
Valquíria Padilha

A SITUAÇÃO DA CLASSE
TRABALHADORA NA INGLATERRA
Friedrich Engels

O SOLO MOVEDIÇO DA
GLOBALIZAÇÃO
Thiago Aguiar

SUB-HUMANOS: O CAPITALISMO E A
METAMORFOSE DA ESCRAVIDÃO
Tiago Muniz Cavalcanti

A TEORIA DA ALIENAÇÃO EM MARX
István Mészáros

TERCEIRIZAÇÃO:
(DES)FORDIZANDO A FÁBRICA
Maria da Graça Druck

TRABALHO E DIALÉTICA
Jesus Ranieri

TRABALHO E SUBJETIVIDADE
Giovanni Alves

TRANSNACIONALIZAÇÃO DO
CAPITAL E FRAGMENTAÇÃO DOS
TRABALHADORES
João Bernardo

UBERIZAÇÃO, TRABALHO DIGITAL E
INDÚSTRIA 4.0
Ricardo Antunes (org.)

Ricardo Antunes

CAPITALISMO PANDÊMICO

© Boitempo, 2022

Direção-geral Ivana Jinkings
Edição Pedro Davoglio
Coordenação de produção Livia Campos
Assistência editorial João Cândido Maia
Preparação Mariana Echalar
Revisão Daniel Rodrigues Aurélio
Capa e diagramação Antonio Kehl
com base na pintura "Vários círculos", óleo sobre tela (1926), de Wassily Kandinsky (Wikimedia Commons)

Equipe de apoio Camila Nakazone, Elaine Ramos, Erica Imolene, Frank de Oliveira, Frederico Indiani, Higor Alves, Isabella Meucci, Ivam Oliveira, Kim Doria, Lígia Colares, Luciana Capelli, Marcos Duarte, Marina Valeriano, Marissol Robles, Maurício Barbosa, Raí Alves, Thais Rimkus, Tulio Candiotto, Uva Costriuba

CIP-BRASIL. CATALOGAÇÃO NA PUBLICAÇÃO
SINDICATO NACIONAL DOS EDITORES DE LIVROS, RJ

A644c

Antunes, Ricardo, 1953-
Capitalismo pandêmico / Ricardo Antunes. - 1. ed. - São Paulo : Boitempo, 2022.
(Mundo do trabalho)

Inclui bibliografia
ISBN 978-65-5717-158-5

1. Sociologia do trabalho. 2. COVID-19, Pandemia, 2020. - Aspectos econômicos. I. Título. II. Série.

22-77408

CDD: 306.36
CDU: 331.5.024.5

Gabriela Faray Ferreira Lopes - Bibliotecária - CRB-7/6643

É vedada a reprodução de qualquer
parte deste livro sem a expressa autorização da editora.

1ª edição: maio de 2022

BOITEMPO
Jinkings Editores Associados Ltda.
Rua Pereira Leite, 373
05442-000 São Paulo SP
Tel.: (11) 3875-7250 / 3875-7285
editor@boitempoeditorial.com.br
boitempoeditorial.com.br | blogdaboitempo.com.br
facebook.com/boitempo | twitter.com/editoraboitempo
youtube.com/tvboitempo | instagram.com/boitempo

Nem eu posso trazer o recordo dessa figura. Suas formas não
figuravam um desenho de descrever, semelhando um malfeitor
vindo dos infernos. Sempre eu só ouvira falar deles, os psipocos,
fantasmas que se contentam com nossos sofrimentos.
Mia Couto, *Terra sonâmbula*

Uns anjos tronchos do Vale do Silício
Desses que vivem no escuro em plena luz...
No império e nos seus vastos quintais...
Munidos de controles totais...
Comandam só seus mi, bi, trilhões...
Caetano Veloso, *Anjos tronchos*

Assistiu-se a verdadeiros *experimenta in corpore vili* [experimentos num
corpo sem valor], como aqueles que os anatomistas realizam em rãs.
Karl Marx, *O capital*, Livro I

SUMÁRIO

APRESENTAÇÃO.. 9

PARTE I – A PANDEMIA DO CAPITAL.. 13

    1 – Coronavírus: o trabalho sob fogo cruzado.. 15

    2 – O trabalho no capitalismo pandêmico 33

    3 – Pandemia, direitos sociais e trabalho no Brasil: a metáfora do *Bacurau*...................... 41

PARTE II – PANDEMIA E PANDEMÔNIO 47

    4 – A política da caverna: a contrarrevolução de Bolsonaro 49

    5 – Bolsonaro: os anos que já se foram e os que seguem.................................. 75

    6 – "There is no alternative"... 81

PARTE III – DO PROLETARIADO INDUSTRIAL AO UBERIZADO 87

    7 – Luta de classes nas Américas (tão próximas e tão diferentes)...................... 89

    8 – Engels e a descoberta do proletariado.. 101

    9 – Desvendando o receituário toyotista 119

    10 – O trabalho na economia digital 123

    11 – Os novos laboratórios de experimentação do trabalho.............................. 129

    12 – Trabalho e igualdade substantiva... 141

REFERÊNCIAS BIBLIOGRÁFICAS 147

APRESENTAÇÃO

Capitalismo pandêmico é resultado de vários textos escritos nestes últimos anos. Seu núcleo principal é composto de dois pequenos livros publicados no exterior (um deles saiu no Brasil como e-book), além de um conjunto de artigos. Em boa parte, foram concebidos sob o impacto da pandemia. Relutamos em publicar alguns no Brasil, pois foram planejados para leitoras e leitores do exterior. Agora, sob a forma de *livro impresso*, talvez possam fazer algum sentido, agrupados como notas críticas de um período tão lúgubre de nossa história.

Não foram nada fáceis estes *anos pandêmicos*. Por dias e meses (e já no terceiro ano de covid-19) nem sequer sabíamos como poderia ser o *dia de amanhã*. O *nosso*, o *dos nossos* e, especialmente, o da enorme *humanidade que labora dura e cotidianamente para sobreviver*.

É imperioso destacar que as consequências da pandemia foram e ainda são abissalmente desiguais e diferenciadas, quando se tem o *acento de classe*. Justamente aquele que a apologética dominante tenta *obliterar* para *desqualificar*. Ao mesmo tempo que *não para de intensificá-lo*, diuturnamente, *para mais e mais acumular*. Até durante a pandemia. Para, depois, dormir em paz com sua *falsa* consciência.

Basta lembrarmos que foi nas periferias que as trabalhadoras negras e os trabalhadores negros, além das comunidades indígenas, sofreram os mais altos índices de letalidade por covid-19. Precisamente a população mais pobre, que trabalha na informalidade e suporta os mais altos níveis de desemprego.

Nossa classe trabalhadora, que começava a acreditar que o pior já passara, que padecera os maiores infortúnios de sua história, não podia imaginar o tamanho da regressão que a esperava. Como se não bastassem os vários séculos de escravização, persistente até os nossos dias como verdadeira praga. Como se não fossem suficientes os incontáveis massacres que se sucedem. As distintas formas de sujeição. Os morticínios que reaparecem cotidianamente nas comunidades das periferias, agredidas pela violência da polícia *de classe* e *de raça*. Como se tudo isso já não fosse mais do que suficiente, novas tragédias vêm se somar a essa histórica condição que mescla e intensifica *exploração, expropriação e espoliação*. Em plena era de expansão das tecnologias de informação e comunicação.

Nem bem a pandemia começou, a classe trabalhadora, especialmente em suas parcelas mais penalizadas, logo se tornou a "candidata número 1" à contaminação e à morte. A letalidade que sofreu, nos períodos mais duros da pandemia, revelou a preconceituosa preferência de *classe, gênero, raça e etnia* presente na expansão do vírus.

Despossuída de quase tudo, a classe trabalhadora que labora na informalidade, em sua esmagadora maioria, não poderia fazer isolamento. Perderia sua única fonte de sobrevivência. Como seria possível exercer trabalhos intermitentes, se muitas atividades econômicas fecharam suas portas ou estavam em *lockdown?*

Não é demais recordar que as classes burguesas comemoraram com festa e *champagne* quando o tenebroso Temer aprovou a contrarreforma trabalhista. Um vilipêndio que se anunciava mistificadoramente como "modernização" para ofuscar o embuste, puro e duro. O que, segundo o impostor, geraria milhões de empregos foi responsável não só por muito mais precarização e desemprego, como também pelos níveis de mortalidade que atingiram a população trabalhadora mais pauperizada, que se encontra à margem da legislação protetora do trabalho.

E foi exatamente essa mesma *classe* que preencheu em maior quantidade as valas dos cemitérios das periferias, abertos diuturnamente durante as piores fases da pandemia. Foi esse proletariado pobre que majoritariamente padeceu e morreu asfixiado nos corredores dos hospitais no Amazonas, sem ter o direito de respirar o último oxigênio. Que não pôde esperar pela vacinação, postergada ao máximo pela aberração do *pandemônio* de Bolsonaro, enquanto milhares morriam contaminados.

Em nenhum canto desse *grande e estranho mundo*, poderíamos imaginar que nossa vida cotidiana, em meio às comemorações da passagem do ano da graça de 2019 para 2020, pudesse se encontrar, poucas semanas depois, mergulhada em uma crise sanitária sem precedentes e de amplitude global.

Ao contrário da *greve da morte*, anunciada na ficção de Saramago[1], o que fevereiro de 2020 nos deu foi o risco iminente da morte para todos e todas que lutavam contra a aberração do *negacionismo*.

Num só golpe, começamos a nos defrontar com a *antecipação precoce da morte*. E que, até o presente, já dizimou quase 700 mil pessoas no Brasil e mais de 6 milhões no mundo, números que são reconhecidamente subnotificados.

Uma vez mais, nosso país voltou ao seu secular normal: *um passo à frente e dois para trás*. No presente, esses dois passos para trás vão se expandir em incomensurável regressão.

---

[1]   José Saramago, *As intermitências da morte* (São Paulo, Companhia das Letras, 2008), p. 14.

Vidas foram (e estão sendo) destroçadas, direitos são extirpados, misérias são intensificadas e desigualdades exacerbadas. As liberdades, aquelas que estávamos letargicamente conquistando desde o fim da ditadura militar de 1964, entraram em rota de enorme retrocesso.

Foi esse cenário que gerou a ideia deste livro, dividido em três partes, de modo a melhor articular os capítulos.

Na primeira parte, "A pandemia do capital", o Capítulo 1 ("Coronavírus: o trabalho sob fogo cruzado") é originalmente um *e-book* escrito a convite de Ivana Jinkings para a Boitempo (2020) e posteriormente impresso na Itália (2021) e na Áustria (2022)[2]. Nessas duas edições no estrangeiro, optamos por outro título: *Capitalismo virótico* parecia exprimir melhor a tese central. E foram elas que nos levaram a propor à Boitempo sua publicação impressa no Brasil, revista e atualizada.

O Capítulo 2 ("O trabalho no capitalismo pandêmico") é uma versão resumida do artigo publicado na revista *Notebook*, em seu número especial de lançamento.

O Capítulo 3 ("Pandemia, direitos sociais e trabalho no Brasil: a metáfora do *Bacurau*"), publicado no Brasil, foi resultado dos nossos primeiros debates e reflexões sobre os múltiplos significados da pandemia.

Na segunda parte, "Pandemia e pandemônio", o Capítulo 4 ("A política da caverna: a contrarrevolução de Bolsonaro") é baseado num pequeno livro, publicado na Itália e inédito no Brasil, escrito a convite da Editora Castelvecchi. Foi redigido no calor do horror, logo depois das eleições de 2018 e da posse do desgoverno.

O Capítulo 5 ("Bolsonaro: os anos que já se foram e os que seguem") dá continuidade à análise do *nosso pandemônio*. Já publicado no Brasil, é um desdobramento do capítulo anterior, procurando melhor compreender os anos que se seguiram.

O Capítulo 6 ("'There is no alternative'") oferece um desenho resumido da história do trabalho na formação social brasileira, indicando alguns desafios que teimam em se perpetuar.

A terceira parte, "Do proletariado industrial ao uberizado", enfeixa o livro e tem como fio condutor o estudo da classe trabalhadora. Apresenta algumas das principais repercussões e consequências da introdução das tecnologias de informação e comunicação (TIC) no capitalismo da era digital, do qual uma das mais nefastas é o *trabalho uberizado*.

O Capítulo 7 ("Luta de classes nas Américas: tão próximas e tão diferentes") procura apresentar, sinteticamente, alguns dos principais traços presentes na luta de classes em nosso continente. Trata-se de versão bastante ampliada e alterada de um texto publicado em inglês e ainda inédito no Brasil.

O Capítulo 8 ("Engels e a descoberta do proletariado") nos permitiu revisitar a obra seminal de Engels, *A situação da classe trabalhadora na Inglaterra,* e mostrar

---

[2] A referência completa das publicações anteriores consta na primeira nota de rodapé de cada capítulo.

sua atualidade, dada a enorme regressão das condições de trabalho que estamos vivenciando em plena era informacional-digital.

O Capítulo 9 ("Desvendando o receituário toyotista") traz o prefácio à obra de Satoshi Kamata, *Toyota, la fabbrica della disperazione*, recém-publicada na Itália. Pela crítica contundente ao toyotismo no Japão, desde a primeira hora, esse texto se tornou um clássico, infelizmente ainda não editado no Brasil.

O Capítulo 10 ("O trabalho na economia digital") é o prefácio que escrevemos, também para o público italiano, ao livro de Ursula Huws, *Il lavoro nell'economia digitale globale*, que oferece uma análise qualificada dos significados do trabalho e da economia digital no capitalismo atual, temática em que a autora tem se destacado.

O Capítulo 11 ("Os novos laboratórios de experimentação do trabalho") dá continuidade à temática anterior, mostrando como as grandes corporações vêm intensificando as práticas de precarização do trabalho, que já existiam antes da pandemia, mas têm se intensificado exponencialmente no presente.

O Capítulo 12 ("Trabalho e igualdade substantiva") finaliza o livro, procurando indicar alguns desafios na árdua batalha pela emancipação da classe trabalhadora no Brasil.

Pandemia e *pandemônio*, um *global* e outro *local*, são os contornos de nossos trágicos tempos. Por isso, se tivesse que dar outro título a este livro, poderia intitulá-lo *Escritos pandêmicos*. Foi neste contexto que desenvolvemos a ideia de *capitalismo pandêmico ou virótico. Destrutivo, letal e belicista,* o *sistema do capital* finalmente assume sua forma *pandêmica* e nos traz uma sucessão de vírus horripilantes que são resultado de tantas devastações: da *natureza*, do *trabalho* e da própria *humanidade*. Essa é a fotografia sem retoques do capitalismo de nosso tempo.

Devemos finalizar esta "Apresentação" acrescentando que as elaborações aqui presentes se alimentaram de movimentos multiformes, sem que deles nos déssemos conta. Dos incontáveis debates e "*lives*", cujo diálogo coletivo nos alimentou, beneficiou e fez pensar. Das infindáveis horas, dias e meses de solidão forçada, quando tudo parecia soçobrar e derreter. E ainda das tantas leituras *literárias* sobre as quais nos debruçamos, durante a solidão, para ver passar o tempo nesta *era das trevas*.

Foi essa confluência que nos impôs a necessidade *premente* de refletir acerca dos porquês desses descaminhos. E de como, afinal, poderá ser possível *superá-lo*.

As palavras finas de Valter Hugo Mãe exprimem muito bem esse sentimento: "A força das ideias era tanta que pensar se tornava uma disciplina do fogo. Pensar era um modo de arder". Não sem antes indicar que "as ideias nunca terminariam à força de um golpe, por mais desaustinado que fosse desferido"[3].

Ricardo Antunes
abril de 2022

---

[3] Valter Hugo Mãe, *Homens imprudentemente poéticos* (São Paulo, Globo, 2016), p. 169 e 54.

PARTE I
A PANDEMIA DO CAPITAL

1

CORONAVÍRUS: O TRABALHO SOB FOGO CRUZADO[1]

I – O mundo às vésperas da pandemia

A crise econômica e a explosão da pandemia do coronavírus, na inter-relação que há entre elas, têm gerado impactos e consequências profundas para a humanidade que depende de seu trabalho para sobreviver. Além dos altíssimos índices globais de mortalidade, ampliam-se enormemente o empobrecimento e a miserabilidade na *totalidade* da classe trabalhadora. Em parcelas enormes desse contingente, como nos desempregados e informais, a situação torna-se verdadeiramente desesperadora, com o Brasil se destacando como um dos campeões da tragédia.

Mas fenômenos similares ocorrem também em várias partes do Norte do mundo. Acompanhamos, nos EUA, os sem-teto dormindo em calçadas, em praças públicas e em estacionamentos desenhados como baias com muros quadriculados simulados, para que não houvesse ainda maior contaminação. E isso no país mais rico do mundo! Ou ainda, os tantos milhões em busca do salário-desemprego (mais de 33 milhões de solicitações até o início de maio de 2020), as enormes filas que se sucedem para obtenção de algum alimento para sobreviver. Sem falar da falência cabal do sistema de saúde (todo privatizado), resultante da destruição do chamado *Obamacare* por Trump, o que agora se mostra socialmente trágico.

No Brasil, onde vivenciamos *desde sempre* formas intensas de exploração do trabalho e de precarização ilimitada, as consequências são ainda mais perversas do ponto de vista social. Ao fim de 2019, ainda *antes* da pandemia, mais de 40% da classe trabalhadora brasileira encontrava-se na informalidade. No mesmo período, uma massa – em constante expansão – de mais de cinco milhões de trabalhadores e

---

[1] Este texto é uma versão atualizada do e-book de mesmo título publicado pela Boitempo (2020). Saiu também na Itália (*Capitalismo virale*, Roma, Castelvecchi, 2021) e na Áustria (*Viraler Kapitalismus*, Viena, Konturen, 2022).

16   *Capitalismo pandêmico*

trabalhadoras experimentava as condições de *uberização* do trabalho em aplicativos e plataformas digitais, algo até recentemente saudado como parte do "maravilhoso" mundo do trabalho digital, com suas "novas modalidades" de trabalho *on-line* recepcionando seus novos "empreendedores". Sem falar da enormidade do desemprego e da crescente massa subutilizada, terceirizada, intermitente e precarizada em praticamente todos os espaços de trabalho.

Se esse conjunto de situações já vinha ocorrendo em *alta intensidade* antes da pandemia, o que se visualiza no presente e no horizonte próximo, em meio a esta terrível hecatombe mundial, é um desenho societal ainda mais desolador. O que se poderá esperar, então, em relação à classe trabalhadora? O que o *sistema de metabolismo antissocial do capital* tem a oferecer à humanidade que depende de seu trabalho para sobreviver?

E, em contrapartida, como a humanidade que trabalha – e em particular a classe trabalhadora – poderá obstar tal destruição e assim começar a desconstruir, demolir e superar o edifício do capital?

II – O SISTEMA DE METABOLISMO ANTISSOCIAL DO CAPITAL: *SUA NORMALIDADE É A DESTRUTIVIDADE*

Devemos a Marx, em *O capital*[2], a utilização da rica metáfora do *metabolismo social* para melhor compreender as complexas engrenagens e mecanismos que movem o *sistema de capital*. Mas foi com István Mészáros, especialmente em *Para além do capital*[3], que a formulação marxiana encontrou um rico desenvolvimento analítico, capaz de oferecer a intelecção deste sistema que é, em última instância, cada vez mais *autofágico*.

Tratando-se de uma complexa engrenagem econômica que não possui limites para a sua expansão (pois seu foco é *sempre* a produção de *mais* capital), sua resultante é uma acentuada destrutividade. Para fazer fluir o movimento de autovalorização, os mecanismos autênticos de interação humana – e em particular a atividade laborativa – são modulados e calibrados por uma *segunda natureza*, tal como destacou Marx, voltada essencialmente para a expansão e a reprodução do capital.

As alienações, as coisificações e os tantos estranhamentos, as devastações ambientais, as opressões de gênero, raça, etnia, sexo, todas essas aberrações – e tantas mais – estão sendo desencavadas dos porões mais abjetos, das catacumbas mais lúgubres e das cavernas mais ossificadas, que em alguns casos pareciam estar permanentemente cerrados.

---

[2]   Karl Marx, *O capital: crítica da economia política*, Livro I: *O processo de produção do capital* (trad. Rubens Enderle, São Paulo, Boitempo, 2013).

[3]   István Mészáros, *Para além do capital: rumo a uma teoria da transição* (trad. Paulo Cezar Castanheira e Sérgio Lessa, São Paulo, Boitempo, 2002).

Essas desafortunadas tendências encontraram, a partir da crise de 1968/73 e especialmente em 2008/9, um *chão social* mais favorável, que lhes permitiu, pouco a pouco, ressurgir e se intensificar, com seus conhecidos desdobramentos: ritmos estonteantes de corrosão do trabalho; destruição ilimitada da natureza; degradação do mundo rural, convertido em *agrobusiness* e em zonas de extrativismo predatório; segregação urbana e social etc. Acrescente-se ainda a forte eugenia social, a exacerbação do racismo, a opressão de gênero, a xenofobia, a homofobia, o sexismo, além da propagação do *culto aberrante da ignorância*, do desprezo à ciência, dentre tantos outros traços destrutivos que se desenvolvem nesta era de exasperação da *razão instrumental* e de *contrarrevolução preventiva,* para recordar Herbert Marcuse[4] e Florestan Fernandes[5]. Aqui, tudo (ou quase tudo) deve, em última instância, atender, servir, adequar-se ou impulsionar o processo de valorização do capital, com o consequente enriquecimento privado das classes burguesas, dominantes e proprietárias, mantendo-se intocáveis a propriedade privada e seu universo corporativo.

Como já assinalado antes, as origens desse quadro remontam ao final da década de 1960, quando deflagrou-se o que István Mészáros chamou de uma *crise estrutural do sistema do capital.* Depois de experimentar uma era "gloriosa" de ciclos "virtuosos" (especialmente nos países de *welfare state* [Estado de bem-estar social]), o modo de produção adentrou um longo período pautado por um *depressed continuum,* tornando sua fase anterior *parte do passado,* uma vez que a *crise econômica* emergente seria longeva e duradoura, sistêmica e estrutural[6]. Vale recordar que, mais do que uma *crise do capitalismo,* Mészáros alerta se tratar de uma *crise estrutural do capital* (de que foi exemplo a debacle do chamado "bloco soviético", cuja manifestação emblemática ocorrera, não por acaso, em 1968, com a invasão da URSS à Tchecoslováquia).

Para que se tenha uma efetiva compreensão da rica, complexa e original proposição formulada por Mészáros, deve-se levar em conta, em primeiro lugar, a importante diferenciação conceitual entre *capital* e *capitalismo.* Segundo o autor, o *capital* antecede o *capitalismo,* como se vê pela existência do *capital mercantil* ou *comercial,* assim como do *capital usurário.* Do mesmo modo, o capital sobreviveu nos países do chamado "bloco socialista", assumido uma nova forma[7]. Já o capitalismo seria a *forma dominante de realização do capital,* mas não a *sua única modalidade.* A continuidade do capital, depois do capitalismo, pode se efetivar, sempre conforme Mészáros, pelo "sistema de capital pós-capitalista", vigente na URSS e nos demais países do Leste Europeu da época. Essa formulação, extremamente *original* e distinta tanto da concepção de "capitalismo de Estado" quando da de "socialismo

---

4   Herbert Marcuse, *Contra-revolução e revolta* (trad. Álvaro Cabral, Rio de Janeiro, Zahar, 1973).
5   Florestan Fernandes, *A revolução burguesa no Brasil* (São Paulo, Globo, 2006).
6   István Mészáros, *Para além do capital,* cit.
7   Idem; Idem, *A crise estrutural do capital* (trad. Francisco Raul Cornejo, São Paulo, Boitempo, 2009).

burocrático", abre um veio analítico novo para a compreensão da vigência do capital mesmo depois da ocorrência da Revolução Russa, assim como de outras revoluções que seguiram o seu "modelo", entre as quais o exemplo chinês é emblemático[8].

As consequências teóricas, analíticas e políticas dessa perspectiva não são poucas. A *destruição ambiental*, por exemplo, que ocorreu em intensidade nesses países *tidos erroneamente como socialistas,* não seria, então, algo estranho ao capital, *mas resultado de uma de suas novas formas de existência,* no caso, o *capital pós-capitalista.* Mesmo eliminando a *propriedade privada* e o *trabalho privadamente explorado,* com a preservação do *Estado* e do *trabalho estatal assalariado* por um longo período, reestruturou-se na URSS (e nos países do Leste sob sua influência) uma variante de *sistema de metabolismo social do capital* que acabou por levar à sua completa derrocada pouco mais de setenta anos depois da eclosão de sua majestosa Revolução.

Para encontrar as causas essenciais desse desfecho é necessário recuperar uma segunda indicação de Mészáros. Para o autor, o *sistema de metabolismo social* do capital se constitui pelo tripé *capital, trabalho assalariado* e *Estado,* de modo inter-relacional, o que significa dizer que a eliminação *cabal* desse sistema somente será possível pela extinção desses três elementos estruturantes[9].

Não basta eliminar (como fizeram a URSS, o Leste Europeu, e mais recentemente a China, onde essa processualidade é ainda mais evidente) *um* ou mesmo *dois* polos do *sistema de metabolismo social do capital,* pois esse complexo acaba por se repor. A única possibilidade de superá-lo é pela *completa eliminação de seu tripé,* ou seja, tanto do *trabalho assalariado* quanto do *capital e* do *Estado.*

Percebe-se, então, a dificuldade e a complexidade da busca pela superação do sistema de metabolismo social do capital. Seu viés é *expansionista,* visto que seu *modus operandi* é conformado centralmente para a extração sempre crescente de mais-valor; e *destrutivo,* pelo sentido *ilimitado* de seus movimentos, o que o torna, ao fim e ao cabo, *incontrolável.*

A *produção social,* que deveria atender às necessidades humano-sociais, subordinou-se integralmente aos imperativos da *autorreprodução do capital.* Entre outras consequências devastadoras para a humanidade, podemos citar o desemprego monumental, a destruição ambiental, a mercantilização da vida e o incentivo diário a novas guerras e conflitos armados. Isso tudo nos trouxe a um quadro pandêmico que amplifica ainda mais o sentido *letal* do *sistema de capital.*

Foi para oferecer uma intelecção analítica desse processo que Mészáros formulou sua conceituação da *taxa de utilização decrescente do valor de uso das mercadorias.*

---

[8] Sobre a China recente ver as pistas oferecidas por Neil Davidson, "Uneven and Combined Development: Between Capitalist Modernity and Modernism", em James Christie e Nesrin Degirmencioglu, *Cultures of Uneven and Combined Development* (Leiden, Brill, 2019) [ed. bras.: Neil Davidson, *Desenvolvimento desigual e combinado*: modernidade, modernismo e revolução permanente, trad. Pedro Rocha de Oliveira, São Paulo, Ideias Baratas/Unesp, 2020].

[9] István Mészáros, *Para além do capital,* cit.

Essa tendência se expressa na *redução crescente do tempo de vida útil dos produtos*, pois quanto menor for a sua durabilidade, maior será a necessidade de reproduzi-los, independentemente das reais necessidades humanas, visando aumentar a intensidade e o ritmo do processo de valorização do valor.

A produção de *bens* não está voltada para a criação de *valores de uso*, para atender necessidades humano-sociais, mas ao lucro. E, uma vez que o sistema de capital é tão mais lucrativo quanto menor for o *tempo de vida útil* das mercadorias, sua feição só pode ser, *em si e para si,* a de um sistema *destrutivo*, cujos imperativos o impulsionam a criar sempre mais mercadorias[10]. É por isso que os carros, os eletrodomésticos, os celulares, enfim, tudo o que se produz, *deve durar o menor tempo possível.* O que se pode dizer, então, de um *sistema de produção de mercadorias* (para usar a conceituação de Kurz[11]) que se expande ao *reduzir* o *tempo de vida útil de seus produtos,* aumentando assim sua tendência autodestrutiva?

Seria de fato um milagre que esse verdadeiro *Frankenstein* não demonstrasse, com o tempo, a *virulência* e a *letalidade* de seu *modo de ser* e de se *reproduzir*.

Como a força de trabalho é também uma *mercadoria* (em verdade, uma mercadoria *especial,* pois é a única que cria *valor*), sua *incessante redução* torna-se também objeto dessa mesma *tendência decrescente do valor de uso das mercadorias,* assim como a natureza é tomada como se fosse infinita e eterna para o uso destrutivo do capital. Não poderia ser mais atual, então, a metáfora de Karl Polanyi referente ao *moinho satânico*[12].

Essa complexa engrenagem sociometabólica tornou a corrosão do trabalho um imperativo ainda maior em nosso tempo. Conforme Marx demonstrou premonitoriamente em *O capital* (Livro III): a *produção do capital* é "[...] num grau muito maior que qualquer outro modo de produção, uma dissipadora de seres humanos, de trabalho vivo, uma dissipadora não só de carne e sangue, mas também de nervos e cérebro"[13].

Se o *trabalho,* entretanto, não pode ser *completamente eliminado (pois sem ele o capital não se valoriza,* como vimos com a paralisação *global* da produção durante o período de pandemia), o *sistema de metabolismo antissocial do capital,* sob o comando do capital financeiro, acaba por impor uma pragmática pautada pela devastação e derrelição completa das condições de trabalho em escala planetária. E isso ocorre, como indicou Chesnais[14], num período histórico no qual acentuaram-se as interconexões entre *produção, mundialização do capital e financeirização,* sendo esta última

---

[10] Idem.

[11] Robert Kurz, *O colapso da modernização: da derrocada do socialismo de caserna à crise da economia mundial* (trad. Karen Elsabe Barbosa, São Paulo, Paz e Terra, 1992).

[12] Karl Polanyi, *A grande transformação: as origens da nossa época* (trad. Fanny Wrobel, Rio de Janeiro, Campus, 2000).

[13] Karl Marx, *O capital: crítica da economia política,* Livro III: *O processo global da produção capitalista* (trad. Rubens Enderle, São Paulo, Boitempo, 2017), p. 116.

[14] François Chesnais, *A mundialização do capital* (trad. Silvana Finzi Foá, São Paulo, Xamã, 1996).

a *forma mais fetichizada da acumulação,* uma vez que o capital financeiro enfeixa e abarca tanto a riqueza gerada pelo investimento quanto a que resulta da exploração da força de trabalho produtiva.

A resultante dessa engenharia metabólica é evidente. Por um lado, a exuberância das corporações globais que concentram a quase totalidade da riqueza mundial. Na outra ponta, a proliferação de uma miríade de trabalhos humanos vilipendiados, um vale-tudo: trabalho análogo à escravidão, superexploração (por exemplo, dos e das imigrantes), generalização da terceirização em todas as esferas laborativas, informalidade, intermitência. Enfim, esparramam-se "novas modalidades" de *extração compulsiva do sobretrabalho* em um cenário que vai da China ao Brasil, dos EUA à África do Sul, da Índia ao México, da França à Rússia, do Japão às Filipinas, da Inglaterra à Coreia do Sul. Foi essa contextualidade que permitiu a David Harvey afirmar de modo *contundente* que o capital "é sangue que flui através do corpo político [...] espalhando-se, às vezes como um filete e outras vezes como uma inundação, em cada canto e recanto do mundo habitado"[15], de modo a se expandir e se reinventar em sua trajetória de valorização.

Uberização do trabalho, distintos *modos de ser* da informalidade, precarização ilimitada, desemprego estrutural exacerbado, trabalhos intermitentes em proliferação, acidentes, assédios, mortes e suicídios: eis o mundo do trabalho que se expande e se desenvolve na era informacional, das plataformas digitais e dos aplicativos[16].

Nestes tempos de *crise estrutural e destruição,* a melhor imagem dessa formação societal é a de uma *totalidade* completamente *deformada.* No topo, o *capital financeiro* (desde o capital fictício até aquele que controla a produção), que concebe o trabalho estritamente como "custo". Como o *avanço informacional-digital* é um relógio que não para de rodar, sua destrutividade se intensifica a cada momento, *tornando a força de trabalho global cada vez mais descartável e supérflua.* Vale recordar que, como foi estampado limpidamente por Marx, esse fenômeno não é novo: "Todos os representantes responsáveis da economia política admitem que a primeira introdução da maquinaria age como uma peste sobre os trabalhadores dos artesanatos e manufaturas tradicionais, com os quais ela inicialmente concorre"[17].

Nesta fase atual, em que as tecnologias de informação e comunicação (TICs) se encontram plasmadas, impulsionadas e comandadas pelas relações capitalistas em *sua forma mais destrutiva,* o quadro vem se agravando sobremaneira. E a esse trágico cenário de devastação, veio se somar a pandemia global.

---

[15] David Harvey, *O enigma do capital e as crises do capitalismo* (trad. João Alexandre Peschanski, São Paulo, Boitempo, 2011), p. 7.

[16] Ricardo Antunes, *O privilégio da servidão* (São Paulo, Boitempo, 2018). Idem (org.), *Riqueza e miséria do trabalho no Brasil IV* (São Paulo, Boitempo, 2019).

[17] Karl Marx, "Capítulo 13 – Maquinaria e grande indústria", em *O capital,* Livro I, cit., p. 519.

III – A pandemia do capital e o (des)valor do trabalho

Foi no solo da *crise estrutural do capital* que a pandemia se proliferou intensamente, levando à morte de milhões de pessoas em todo o mundo, além de desempregar milhões de trabalhadores e trabalhadoras.

Dados preliminares apresentados pela OIT projetavam a perda de 195 milhões de empregos em tempo integral já no segundo trimestre de 2020, sendo que 1,6 bilhão de pessoas, que viviam na informalidade, já estavam sofrendo com a destruição de suas próprias condições de sobrevivência ultraprecárias.

Em informe mais recente, a OIT[18] estima que a quantidade de horas de trabalho perdidas em 2020 foi equivalente a 225 milhões de empregos de tempo integral, destacando que a diminuição das horas de trabalho, sua repercussão na oferta de empregos, tem incidido de forma negativa na renda dos trabalhadores e trabalhadoras, e potencializado a ampliação da pobreza.

Nos EUA, nos primeiros meses da crise pandêmica, as previsões chegaram a uma taxa de desemprego de 20%. Parece desnecessário citar mais dados, pois eles se tornaram *desatualizados a cada semana*, especialmente porque todas as projeções econômicas antecipam uma *recessão global monumental*.

Além disso, há que se levar em conta as tantas mistificações que os capitais vêm praticando neste contexto com o objetivo de ocultar e obliterar a realidade. Segundo David Harvey:

> A covid-19 exibe todas as características de uma pandemia de classe, gênero e raça. Embora os esforços de mitigação estejam convenientemente ocultos na retórica de que 'todos estamos juntos nesta guerra', as práticas, em particular por parte dos governos nacionais, sugerem motivações mais sombrias. A classe trabalhadora contemporânea dos Estados Unidos (composta predominantemente por afro-americanos, latinos e mulheres assalariadas) enfrenta uma escolha horrível: a contaminação por cuidar dos doentes e manter meios de subsistência (entregadores de supermercado, por exemplo) ou o desemprego sem benefícios e assistência médica adequada.[19]

E acrescenta:

> As forças de trabalho na maior parte do mundo têm sido socializadas durante muito tempo para se comportarem como bons sujeitos neoliberais (ou seja, culpar a si mesmas ou a Deus se algo der errado, mas nunca ousar sugerir que o capitalismo pode ser o problema). Contudo, mesmo bons sujeitos neoliberais podem ver hoje que há algo muito errado na forma como a pandemia está sendo respondida. A grande questão é: quanto tempo isso vai durar? Pode levar mais de um ano, e quanto mais o tempo passa,

---

[18] OIT. *Perspectivas Sociales y del Empleo en el Mundo: Tendencias 2021. Informe de referencia de la OIT*. Disponível em: <https://www.ilo.org/wcmsp5/groups/public/---dgreports/---dcomm/---publ/documents/publication/wcms_794492.pdf>. Acesso em: 13 maio 2020.

[19] David Harvey, "Política anticapitalista em tempos de coronavírus", *Blog da Boitempo*. Disponível em: <https://blogdaboitempo.com.br/2020/03/24/david-harvey-politica-anticapitalista-em-tempos-de-coronavirus/>. Acesso em: 13 maio 2020.

22 *Capitalismo pandêmico*

mais desvalorização haverá, mesmo para a força de trabalho. É quase certo que os níveis de desemprego subirão para níveis comparáveis aos dos anos 1930, na ausência de intervenções estatais massivas que teriam que ir contra a lógica neoliberal.[20]

Pode-se imaginar, então, o tamanho da tragédia na periferia, nos *tristes trópicos...* como é o caso do Brasil. Desde logo, teremos uma massa de trabalhadores e trabalhadoras sem condições mínimas de sobrevivência, tangenciando ou vivenciando uma fome profunda e sendo enterrada, aos milhares, nos cemitérios.

A esta simultaneidade e imbricação trágica entre *sistema de metabolismo antissocial do capital, crise estrutural* e *explosão do coronavírus* podemos denominar, se quisermos usar uma síntese forte, *capital pandêmico.* Ele tem um claro caráter discriminatório em relação às classes sociais, pois sua dinâmica é muito mais brutal e intensa para a humanidade que depende do próprio trabalho para sobreviver. A classe burguesa, incluindo seus séquitos de altos gestores, tem seus fortes instrumentos de defesa (recursos hospitalares privilegiados, condições de habitação que lhes permite escolher as melhores condições de realizar suas quarentenas etc.), enquanto na *classe-que--vive-do-trabalho* a luta é para ver quem consegue sobreviver.

Dada a *divisão sociossexual e racial* do trabalho em sua *nova morfologia,* as *mulheres trabalhadoras brancas* sofrem mais que os homens brancos (basta ver que os altos índices de violência doméstica e feminicídio se ampliam durante a pandemia), enquanto as *trabalhadoras negras* são ainda mais penalizadas que as brancas (veja-se o exemplo das trabalhadoras domésticas no Brasil, que totalizam 6,2 milhões, das quais 68% são negras)[21]. Recentemente, tivemos no Rio de Janeiro o brutal caso da morte de uma trabalhadora doméstica que se contaminou ao cuidar de sua patroa, que lhe escondeu estar infectada pela covid-19. A patroa se curou e a trabalhadora faleceu. Nessa mesma linha, é desnecessário acrescentar que as discriminações de *classe, gênero e raça* se intensificam ainda mais quando contemplamos as trabalhadoras indígenas, imigrantes e refugiadas.

Tudo isso estampa uma visceral *contradição* que atingiu a *totalidade* da classe trabalhadora, que se encontrava sob *fogo cruzado*: era preciso que houvesse isolamento social e quarentena para se evitar o contágio pelo coronavírus. Sem isso, a classe trabalhadora seria cada vez mais contaminada, adoecendo e perecendo em maior quantidade. Mas como ficar em isolamento social o(a)s *desempregado(a)s,* o(a)s *informais,* o(a)s *trabalhadore(a)s intermitentes,* o(a)s *uberizado(a)s,* o(a)s *subutilizado(a)s,* o(a)s *terceirizado(a)s,* isto é, aqueles e aquelas que não têm direitos sociais e que recebem salários somente quando executam algum trabalho? E quanto ao pequeno "empreendedor" (que descrevi em *O privilégio da servidão* como, simultaneamente, *burguês-de-si-mesmo* e *proletário-de-si-próprio*), que em meio à pandemia não tem o

---

[20] Idem.

[21] Ipea, *Texto para discussão 2528*. Brasília, novembro de 2019. Disponível em: <https://www.ipea.gov.br/portal/images/stories/PDFs/TDs/td_2528.pdf>. Acesso em: 13 maio 2020.

que vender (pois não há consumidores), nem renda, nem previdência, nem convênio de saúde? Como será possível driblar o trabalho dito *flexível, digital, "moderno"*, que tenderá a se intensificar enormemente se o *capital pandêmico* continuar a comandar o mundo segundo seus interesses?

O exemplo abarca também as crianças pobres em idade escolar: se não frequentaram as escolas públicas por causa da pandemia (o que foi *justo* e *necessário* para restringir a expansão do coronavírus), não tinham como se alimentar. Se foram às escolas, correram o risco de se contaminar e transmitir a doença a seus familiares. A classe trabalhadora, então, *viu-se sob intenso fogo cruzado*. Entre a *situação famélica* e a *contaminação virótica*, ambas empurrando para a *mortalidade* e a *letalidade*. Tal vilipêndio se acentuou *fortemente* pela autocracia de Bolsonaro e pela pragmática neoliberal primitiva e antissocial do ministro da Economia Paulo Guedes.

Assim, a confluência entre uma *economia destruída*, um *universo societal destroçado* e uma *crise política inqualificável* converteu o Brasil em um forte abismo humano, um verdadeiro cemitério coletivo. Os mais de 660 mil mortos (dados de abril de 2022) evidenciam o tamanho da tragédia brasileira. Vale acrescentar que são números subnotificados, uma vez que muitas mortes não foram atribuídas à pandemia, dada a realidade da saúde pública no Brasil.

Por tudo isso vivenciamos uma economia em recessão que caminha para uma terrível e profunda depressão, conforme sugerem os dados de crescimento negativo para 2022. Não é difícil entender que tal tendência ampliou ainda mais o processo de miserabilidade de amplas parcelas da classe trabalhadora que já vivenciavam formas intensas de exploração do trabalho, de precarização, de subemprego e desemprego. Isso porque esses contingentes encontram-se frequentemente desprovidos *de fato* de direitos sociais do trabalho.

Segundo diagnóstico realizado por José Dari Krein, Magda Biavaschi e Marilane Teixeira[22] sobre a situação brasileira logo antes da explosão do coronavírus: a) 16,7 milhões de domicílios viviam com até dois salários mínimos mensais, oscilando entre o desemprego (aberto e oculto), e os trabalhos intermitentes, por conta própria ou informais, *situação clivada e intensificada pelas transversalidades existentes entre gênero, raça, faixa etária e regiões*, conforme indicado anteriormente; b) a força de trabalho totalizava 106,2 milhões, dos quais 11,6 milhões estavam desempregados e outros 4,6 milhões vivenciavam o "desemprego por desalento", o que somava 16,2 milhões de pessoas (dados da Pesquisa Nacional por Amostra de Domicílios Contínua do quarto trimestre de 2019); c) do total de trabalhadores inseridos no mercado de trabalho, 29% recebiam até um salário mínimo; d) 24,5 milhões se

---

[22] José Dari Krein, Magda Biavaschi e Marilane Teixeira. "Emprego, trabalho e renda para garantir o direito à vida", *Nexo*, 17 abr. 2020. Disponível em: <https://www.nexojornal.com.br/ensaio/debate/2020/Emprego-trabalho-e-renda-para-garantir-o-direito-%C3%A0-vida>. Acesso em: 13 maio 2020.

encontravam no mercado de trabalho por conta própria, dos quais aproximadamente 80% estavam fora do sistema previdenciário e desempenhando atividades as mais precarizadas; e) 6,8 milhões encontravam-se *subocupados*, trabalhando com frequência inferior a 40 horas semanais (seja com um ou vários trabalhos), embora manifestassem disposição e interesse de ampliar suas jornadas de trabalho; f) 26,1 milhões estavam *subutilizados*, assim distribuídos: mulheres negras, 33,2%; homens negros, 22,3%; mulheres brancas, 20,7%; homens brancos, 14,2%.

Vale acrescentar que, segundo o IBGE, a *subocupação* é definida pela insuficiência de horas trabalhadas, enquanto a *subutilização* é mais abrangente, pois considera, além dos *subocupados*, também os *desocupados* e a *força de trabalho potencial*, esta última definida como o conjunto de pessoas de 14 anos ou mais que não estavam ocupadas nem desocupadas na semana de referência, mas que possuíam um potencial de se transformar em força de trabalho[23].

Os dados publicados pelo IBGE (Pnad C), referentes ao primeiro trimestre de 2020 – e, portanto, captando *apenas o início* da pandemia –, apresentaram uma ampliação do desemprego. São 12,85 milhões de desempregados, sendo que a informalidade também aumentou e chegou a 40,7%, abarcando outros 38,3 milhões de trabalhadores e trabalhadoras. E todos sabemos que o volume de dados invisíveis torna esses índices restritivos. Se adicionarmos o "desemprego por desalento" (talvez fosse melhor designá-lo "desalento pelo desemprego"), também bastante mascarado pela pandemia, o volume era bem maior. Como já dissemos, poucas semanas depois da divulgação desses índices, eles já estavam bastante superados pela concretude da tragédia cotidiana do mundo do trabalho. Em 2021, após um aumento acentuado do desemprego, que atingiu no primeiro trimestre a marca de 14,6%, observamos uma tendência de queda: 13,7% no segundo trimestre, seguido de 12,1% no terceiro trimestre (Pnad C/IBGE). O recuo, entretanto, ocorreu acompanhado de pelo menos dois movimentos relevantes: por um lado, a persistência e ampliação da informalidade, por outro, a queda no rendimento médio dos trabalhadores e trabalhadoras, 11,1% inferior ao observado em 2020, considerado o mesmo trimestre[24].

A pandemia também impactou fortemente os trabalhadores de plataformas digitais e aplicativos, uma massa que não parava de se expandir e que experimentava as condições da chamada *uberização do trabalho*. Sem outra possibilidade de encontrar trabalho imediato, trabalhadores e trabalhadoras buscavam "emprego" no Uber, Uber Eats, 99, Cabify, Rappi, Ifood, Amazon etc. Tentavam fugir do flagelo maior, o do desemprego. Saíam do *desemprego* para a *uberização,* essa nova

---

[23] IBGE, *Indicadores IBGE, Pesquisa Nacional por Amostra de Domicílios Contínua. Divulgação Especial. Medidas de Subutilização da Força de Trabalho no Brasil, 1º trimestre de 2019.*

[24] IBGE. *PNAD Contínua*. 3º Trim. de 2021. Divulgação: dezembro de 2021. Disponível em: <https://ftp.ibge.gov.br/Trabalho_e_Rendimento/Pesquisa_Nacional_por_Amostra_de_Domicilios_continua/Mensal/Quadro_Sintetico/2021/pnadc_202110_quadroSintetico.pdf> Acesso em: 13 maio 2020.

modalidade de *servidão*[25]. Como o *desemprego* é expressão do flagelo completo, a *uberização* parecia uma alternativa quase "virtuosa".

Mas qual é o "segredo" dessas corporações globais que não param de ampliar sua força de trabalho? Contando quase sempre com a condescendência de governos e setores majoritários do Legislativo e do Judiciário, sua alquimia consiste em contratar trabalhadores e trabalhadoras como "prestadore(a)s de serviços", o que caracteriza uma *chula burla* que, entretanto, torna-se altamente *rentável e lucrativa*, uma vez que a força de trabalho *uberizada* se encontra completamente excluída dos direitos sociais que valem para o conjunto da classe trabalhadora.

É, então, com a expansão das tecnologias de informação e comunicação que passamos a presenciar a ampliação da precarização, que atinge desde o(a)s trabalhador(a)s da indústria de *software,* passando pelo(a)s de *call center, tele-marketing* – que constituem o núcleo do *infoproletariado*[26] ou *cibertariado* –, até chegar aos setores industriais, agronegócio, bancos, comércio, *fast-foods,* turismo e hotelaria etc. Tal tendência já vinha se acentuando com o desenvolvimento da chamada *Indústria 4.0,* proposta que foi originalmente desenhada para gerar um novo salto tecnológico e informacional no mundo da produção, tornando-o ainda mais automatizado e robotizado em praticamente todos os espaços das cadeias produtivas de valor.

A tendência, *visível bem antes da explosão da pandemia*, era clara: redução do *trabalho vivo* pela substituição das atividades tradicionais por ferramentas automatizadas e robotizadas, sob o comando informacional-digital. Isso torna o *trabalho vivo* mais "residual" nas plantas digitalmente mais avançadas e o empurra para as atividades ditas "manuais" (na melhor das hipóteses) ao mesmo tempo que amplia o monumental *exército sobrante de força de trabalho*, que não para de se expandir nesta fase mais destrutiva do capital.

Se essa processualidade não levará à extinção *completa* da atividade humana laborativa (como vimos, o *capital não se valoriza sem a força de trabalho,* uma vez que as máquinas não *criam* valor, mas o *potencializam*), ela vem desencadeando um novo período de ampliação do que Marx denominou *trabalho morto*[27] (sob a forma do novo maquinário informacional-digital de que é exemplo a *internet das coisas*) e a consequente redução do *trabalho vivo*, com a substituição das atividades humanas por ferramentas automatizadas sob o comando informacional-digital, resultado do domínio "inquestionável" das corporações globais financeirizadas.

Portanto, diferentemente da fase de predomínio taylorista e fordista, que vigorou nas fábricas da "era do automóvel" durante o século XX, neste século XXI as

---

[25] Ricardo Antunes, *O privilégio da servidão*, cit.
[26] Conforme denominação apresentada por Ruy Braga e por mim. Ver Ricardo Antunes e Ruy Braga (orgs.), *Infoproletários: degradação real do trabalho virtual* (São Paulo, Boitempo, 2009).
[27] Karl Marx, *O capital*, Livro I, cit.

empresas "flexíveis" vêm impondo velozmente sua trípode destrutiva sobre o trabalho. É por isso que *terceirização, informalidade* e *flexibilidade* se tornaram partes inseparáveis do léxico de empresa corporativa. E o trabalho intermitente, aprovado pela contrarreforma trabalhista durante o governo terceirizado de Temer, tornou-se um elemento ainda mais corrosivo da proteção do trabalho.

Se tudo isso já vinha ocorrendo na fase mais destrutiva do *sistema de metabolismo antissocial do capital*, o que se pode esperar nesta fase de *capitalismo pandêmico?* Se já estávamos presenciando a *corrosão, o desmoronamento e a eliminação* completa dos direitos do trabalho, isso só se intensificou no contexto desta brutal pandemia, no qual a explosão do coronavírus (a "gripezinha", nas palavras de Bolsonaro) estampou a desproteção completa e cabal, particularmente dessa importante parcela da classe trabalhadora.

Bastaram alguns meses de pandemia para tornar evidente que as principais medidas tomadas pelo governo Bolsonaro tinham por objetivo atender aos interesses de uma burguesia *predadora* e *predatória* que aqui gorjeia. O sinistro, o lúgubre e o funesto são, então, as designações mais singelas que o capitalismo pandêmico no Brasil e seu *governo-de-tipo-lúmpen* fazem por merecer.

IV – Qual será o futuro do trabalho?

Vimos que a *pandemia* não está desconectada do *sistema de metabolismo antissocial* vigente, não se tratando, portanto, de um fenômeno exclusivamente "natural". Vimos também que o *modus operandi* do capital só pode se desenvolver *como destruição*, tanto da força humana de trabalho, quanto da natureza e, por consequência, da própria humanidade (o que se evidencia na eclosão das guerras).

Essa processualidade, *em si e por si* soturna e tenebrosa, vem se agravando no contexto da pandemia de coronavírus, que é *uma de suas tantas criaturas*. Dito de outro modo: a pandemia é o enfeixamento de um sistema *letal* ao *trabalho, à natureza, à "liberdade substantiva" de todos os* gêneros, raças e etnias, *à plena liberdade sexual,* dentre tantas outras dimensões do ser em busca de sua autoemancipação humana e social.

Nesta economia destroçada, em um país cujo chão social está completamente devastado e cujo cenário político é *de horror,* em plena era da *contrarrevolução preventiva*, o que é possível vislumbrar para o trabalho?

Primeiro, é imperioso *recordar* (para *superar* definitivamente) o equívoco do *fim do trabalho*. Não foram poucos os autores "eurocêntricos" que repetiram com *insustentável leveza* (em número crescente a partir dos anos 1970) que o *trabalho tinha perdido sua relevância,* sua centralidade, que se tornara desprovido de importância. O capitalismo, segundo eles, poderia sobreviver mesmo sem a exploração do trabalho, sem *mais-valor,* visto que ingressávamos na era do *conhecimento,* onde tudo tornava-se *imaterialidade.*

A evidência *ontológica* desses equívocos está limpidamente estampada na paralisia que presenciamos nesta fase de capitalismo pandêmico. Sem *trabalho*, é impossível a geração de *coágulos de valor* e de *riqueza social.* E mesmo quando se recorre à ação do universo *maquínico-informacional-digital*, este só consegue fazer deslanchar o *complexo produtivo global por meio do ato laborativo humano,* que é imprescindível, nem que seja para *ligar, conectar e supervisionar* o maquinário digital com suas tecnologias de informação e comunicação, inteligência artificial, *big data,* internet das coisas etc.

O desespero do capitalismo mundializado (para não falar do brasileiro) reside exatamente neste ponto: *sem trabalho não há valorização* do capital, o que estampa seu traço de autêntico *parasita.* As pressões, maiores ou menores em função da intensidade predadora e predatória das burguesias globais e nativas, forâneas e provincianas, se explicam pelo desespero pela volta da produção, pelo fim do isolamento, pela "retomada da normalidade" em uma época de alta letalidade.

Mas sabemos também que o capital aprendeu a enfrentar esta dilemática que lhe é vital. Como seu *sistema metabólico* não pode prescindir do *trabalho* (porque sem ele não existe *riqueza social*), lhe resta depauperar, dilapidar, corroer e destroçar a força humana de trabalho sem, entretanto, eliminá-la completa e cabalmente. É aí que proliferam as maquinações e os embustes de seus altos gestores (hoje denominados CEO, *Chief Executive Officer*), com suas alquimias, seus léxicos, suas burlas, suas obliterações e manipulações. A *individualização, a invisibilização e a eliminação completa dos direitos do trabalho enfeixam o sonho dourado do capital agora que o mundo digital, on-line, robotizado e automatizado* pode conviver com o *trabalho aviltado, desvertebrado, desorganizado, isolado, fragmentado e fraturado.*

Ressoa nessa fotografia nefasta do *labor* uma das principais invenções "modernas" (ou "pós-modernas"?) do capital: os *trabalhos uberizados,* nos quais o capital pode se utilizar quase *ilimitadamente* da força de trabalho. Foi por isso que sugeri recentemente a hipótese de que o *capitalismo de plataforma,* aquele impulsionado e comandado pelas grandes corporações globais, assemelha-se em certos aspectos à *protoforma do capitalismo.* O que isso significa?

Em pleno século XXI, com algoritmos, inteligência artificial, *internet das coisas, big data,* Indústria 4.0, 5G e tudo mais que temos desse arsenal informacional, enquanto as burguesias proprietárias e seus altos gestores acumulam enormidades incalculáveis de dinheiro e riqueza, há centenas de milhões que exercem modalidades de trabalho típicas de uma era de *servidão.* E isso se tiverem sorte, se forem contemplados com o *privilégio* de encontrar trabalho, alguma forma de *nova servidão,* padecendo das vicissitudes e vilipêndios do que denominei *escravidão digital*[28].

Não faltam evidências, então, sobre a direção que o capital e seus gestores vêm indicando, inclusive nos setores em que o *trabalho digital, on-line,* se desenvolve.

---

[28] Ricardo Antunes, *O privilégio da servidão,* cit.

28 Capitalismo pandêmico

Algumas práticas se converteram em verdadeiros *laboratórios* de experimentação, de que são exemplos o *home office*, o *teletrabalho* e, no universo educacional, o *EaD (Ensino a Distância)*.

O teletrabalho e o *home office* aparecem como modalidades que terão significativo crescimento na fase pós-pandemia em praticamente *todos os ramos* em que puderem ser implantados. Do ponto de vista empresarial, as vantagens são evidentes: mais *individualização* do trabalho; maior distanciamento social; menos relações solidárias e coletivas no espaço de trabalho (onde floresce a *consciência das reais condições de trabalho)*; distanciamento da organização sindical; tendência crescente à eliminação dos direitos (como já conhecemos nos *pejotizados* e outras formas assemelhadas, como o pequeno *empreendedorismo*); fim da separação entre *tempo de trabalho e tempo de vida* (visto que as nefastas *metas* ou são preestabelecidas ou se encontram *interiorizadas* nas subjetividades que trabalham); e o que também é de grande importância, teremos mais *duplicação e justaposição entre trabalho produtivo e trabalho reprodutivo*[29], com clara incidência da *intensificação* do trabalho feminino, podendo aumentar ainda mais a *desigual divisão sociossexual e racial do trabalho*.

Por certo, há elementos positivos destacados pela classe trabalhadora, como não precisar fazer os deslocamentos, ter maior liberdade de horários, poder se alimentar melhor etc., mas é sempre bom recordar que se trata de uma *relação profundamente desigual entre trabalho e capital*, em que o que se perde é sempre muito maior do que aquilo que se ganha.

A principal diferença, no caso do Brasil, entre *teletrabalho* e *home office* é que, no *primeiro*, a *empresa* não controla a jornada e também *não pode fazer remuneração adicional*, mas somente pagar reembolso de possíveis despesas, como internet etc. Já no *home office*, a atividade remota tem um caráter sazonal, esporádico e eventual (como no período da pandemia), uma vez que o *trabalho realizado em casa deve ser igual ao realizado no interior da empresa, com idêntica jornada diária*. Ainda no *home office*, os direitos trabalhistas devem ser iguais àqueles que vigoram no interior das empresas (até quando?), enquanto no *teletrabalho* as condições devem constar do contrato de trabalho estabelecido entre as partes. Mas, se as fronteiras entre as duas modalidades são visíveis no plano jurídico, elas contemplam também formas híbridas, com usos alternados.

Outro exemplo emblemático, no caso dos professores, é o EaD. Prática que vem sendo amplamente adotada, especialmente pelas faculdades privadas, que dele se utilizam para reduzir o corpo docente, intensificar o labor e aumentar lucros. O rigor, a ciência e a pesquisa são, então, relegados e mesmo desprezados por essas empresas, que têm na lucratividade seu objetivo central. Ao passo que a

---

[29] Claudia Mazzei Nogueira, *O trabalho duplicado* (São Paulo, Expressão Popular, 2011).

expansão do EaD vem se constituindo em decisivo veículo para a conversão dessas instituições em grandes conglomerados privados "educacionais".

Os abusos são de tal intensidade que uma dessas corporações tem se utilizado até mesmo de robôs para a avaliação de provas sem informar aos alunos, conforme noticiado pela *Folha de S. Paulo*: "Alunos de educação a distância das 11 instituições ligadas à rede educacional Laureate no Brasil passaram a ter suas atividades de texto em plataforma digital avaliadas por um software de inteligência artificial. A mudança, porém, não foi comunicada aos estudantes"[30].

Se essa realidade do trabalho se expande como uma praga em períodos de "normalidade", é evidente que neste período pandêmico o capital vem realizando vários experimentos que visam intensificar e potencializar, pós-pandemia, os mecanismos de exploração do trabalho nos mais diversos setores da economia. Uma vez mais, então, os capitais pretendem transferir o ônus da crise à classe trabalhadora que, além de ser a única que não tem a menor responsabilidade por essa tragédia humana, é a que mais sofre, mais padece e mais perece.

Assim, mesmo quando não há evidência de arrefecimento da pandemia, as corporações globais apresentam o *receituário* para a saída da crise, verdadeiro *obituário* para a classe trabalhadora: mais flexibilização, mais informalidade, mais intermitência, mais terceirização, mais *home office*, mais teletrabalho, mais EaD, mais *algoritmos* "comandando" as atividades humanas, visando a convertê-las (em todos os setores e ramos em que for possível) em um *novo apêndice autômato* de uma *nova máquina digital* que, embora possa parecer *neutral,* serve aos desígnios inconfessáveis da *autocracia do capital.*

É imperioso reiterar que essa pragmática se encontra sob cerrada e "incontestável" hegemonia do *capital-dinheiro*, do *capital financeiro*, dessa verdadeira *fonte misteriosa* que impulsiona diuturnamente, *sem folga nenhuma e com muita fadiga, física e psíquica, corpórea e mental*, esse *moinho* que só se move para gerar mais *riqueza privadamente apropriada*, em um movimento ininterrupto que só beneficia um seleto conglomerado de corporações globais e seu séquito de altos gestores. E, para não parecer que há algum exagero, vale dar alguns exemplos recentes que demonstram a força dos capitais globais sob a batuta financeira: as *contrarreformas trabalhistas* de Temer no Brasil, de Macri na Argentina e de Macron na França ocorreram quase simultaneamente, o que por certo não foi mera coincidência.

Assim, preservados os elementos estruturantes desse *sistema de metabolismo antissocial do capital*, teremos mais desemprego e mais desigualdade social, e quem "tiver a sorte" de permanecer trabalhando vivenciará um nefasto binômio: maior

---

[30] Thiago Domenici. "Faculdades da Laureate substituem professores por robô sem que alunos saibam", *Folha de S. Paulo*, 2 mai. 2020. Disponível em: <https://www1.folha.uol.com.br/educacao/2020/05/faculdades-da-laureate-substituem-professores-por-robo-sem-que-alunos-saibam.shtml>. Acesso em: 13 maio 2020.

exploração e mais *espoliação*. Isso porque têm que comprar (ou alugar) seus instrumentos de trabalho, como automóveis, motocicletas, celulares, uniformes, mochilas, endividando-se junto ao sistema financeiro.

Se assim tem sido o capitalismo *virótico*, que não consegue ofertar nada que não contemple *destruição*, estamos ingressando (mais de cem anos depois da "gripe espanhola") no capitalismo *pandêmico*, no interior do qual se realizam "verdadeiros *experimenta in corpore vili* [experimentos num corpo sem valor], como aqueles que os anatomistas realizam em rãs"[31], para recordar o texto de Marx que dá a epígrafe a este livro.

Vale recordar aqui Iside Gjergji[32] e sua sugestiva conceituação do *corpo-classe*. Ao analisar contemporaneamente o tema da *tortura* e do *suplício* na sociedade do capital, a autora mostra que a tortura também tem clara *incidência de classe*. Estendendo seu diagnóstico, podemos acrescentar que a contaminação em massa e sua maior letalidade também têm uma nítida dimensão corpórea, o *corpo* da *classe-que-vive-do-trabalho*.

Assim, o capital pandêmico é intensamente *diferenciado* quando se trata de atingir e penalizar as classes sociais. Com uma *aparência* inicial *policlassista*, a pandemia do capital é *de fato* muito mais funesta ao atingir o *corpo da classe trabalhadora e, sucessiva e progressivamente, o corpo-classe das mulheres trabalhadoras brancas, o corpo-classe das trabalhadoras negras, indígenas, imigrantes, refugiadas, LGBTs* etc. Sob a impulsão das *necessidades mais elementares que lhe são vedadas,* tais setores da população dirigiram-se ao trabalho e à aglomeração social, aproximando-se potencialmente da contaminação e da morte.

Se deixarmos o capitalismo responder à crise, sua proposta é clara: obrigar a força de trabalho a ir à labuta e assim conhecer os subterrâneos do Inferno de Dante. Em contrapartida, estamos impelidos a seguir em outra direção, visto que vivenciamos um momento crucial de interrogações da humanidade. E mais: *por que chegamos a este caos? Onde erramos? O que será do mundo depois da pandemia? Temos alternativas? Quais?*

V – UM IMPERATIVO VITAL CONTRA UM MUNDO LETAL: INVENTAR UM NOVO MODO DE VIDA

A questão crucial *imediata* desta *era de trevas* é a luta pela preservação da *vida*. Isso significa encontrar *no presente* as condições para estancar a crise pandêmica com o apoio vital da ciência e, *ao mesmo tempo,* começar a desenhar um outro *sistema de metabolismo verdadeiramente humano-social.* Estamos em um momento excepcional

---

[31] Karl Marx, "Capítulo 13 – Maquinaria e grande indústria", em *O capital*, Livro I, cit., p. 528.

[32] Iside Gjergji, *Sociologia della tortura*: *immagine e pratica del supplizio postmoderno* (Veneza, Edizioni Ca' Foscari – Digital Publishing, 2019).

da história, um daqueles raros momentos em que *tudo que parece sólido pode fenecer*! Urge, então, inventar um *modo de vida* no qual as atividades mais vitais e essenciais da humanidade sejam dotadas de sentido.

Vamos oferecer *alguns exemplos* extraídos da própria vida cotidiana, começando pelo *trabalho*. Sabemos que há centenas de milhões de trabalhadore(a)s com *empregos precários* e *jornadas diárias que atingem 10, 12, 14, 16 horas*[33], de que é exemplo o *trabalho uberizado* nas plataformas digitais e aplicativos globais[34]. Mas sabemos também que há centenas de milhões que *não têm nenhum trabalho e vivem nos bolsões de indigência,* de que a *classe trabalhadora imigrante global* é exemplo trágico, perambulando de um canto a outro do mundo em busca de qualquer *labor* e sofrendo ataques como o medonho *racismo de Estado*[35].

É preciso, então, tratar a questão do trabalho em outra dimensão: *trabalhar só no estritamente necessário para a produção de bens socialmente úteis, com menos horas de trabalho diário.* Assim, é preciso reinventar o trabalho humano e social, concebendo-o como *atividade vital, livre, autodeterminada, fundada no tempo disponível,* contrariamente ao *trabalho assalariado alienado,* que tipifica a sociedade do capital, inclusive (e de modo mais intenso) na fase *informacional-digital*[36]. Mas é preciso destacar que tal proposição *fere e confronta diretamente o sistema de metabolismo social do capital.*

Tão vital quanto a questão do *trabalho* é a do *meio ambiente*, dada a necessidade *inadiável* de preservar (e recuperar) a natureza, obstando de *todos os modos* a escalada descontrolada de sua destruição. Aquecimento global, energia fóssil, agrotóxicos, transgênicos, extração mineral, queimadas, indústria destrutiva, agronegócio predador, tudo precisa ser completamente eliminado, pois são todas expressões do *capital pandêmico* que não tem como continuar seu metabolismo sem intensificar a destruição da *natureza* (*humana, orgânica e inorgânica*) em *todas as suas dimensões.*

E é exatamente essa situação pandêmica que nos oferece, em sua cotidianidade, caminhos alternativos mais imediatos e urgentes. Testemunhamos, por exemplo, significativa redução do nível de poluição ambiental nas cidades em isolamento social, basicamente por dois motivos: os carros pararam de circular e as indústrias não essenciais (inclusive a automotiva) paralisaram sua produção. Para que ocorra uma efetiva recuperação da natureza é vital, então, estancar tanto a *produção* como o *consumo*, eliminando todos os seus *elementos destrutivos*, o que só é possível pela construção de um *novo sistema de metabolismo social* inteiramente *contrário ao capital.*

---

[33] Pietro Basso, *Tempos modernos, jornadas antigas*: *vidas de trabalho no início do século XXI* (trad. Patrícia Villen, Campinas, Ed. Unicamp, 2018).

[34] Ricardo Antunes, *O privilégio da servidão*, cit.

[35] Pietro Basso (org.), *Razzismo di stato*: *Stati Uniti, Europa, Italia* (Milão, FrancoAngeli, 2010).

[36] Ricardo Antunes, *Os sentidos do trabalho* (São Paulo, Boitempo, 2010). Ver especialmente o Capítulo 1.

32   *Capitalismo pandêmico*

É importante entender que essa noção marxiana ricamente desenvolvida por Mészáros repõe uma questão vital, acentuando sua dimensão relacional: o *sistema de metabolismo social do capital* destrói o *trabalho*, destrói a *natureza* e, consequentemente, a *humanidade*. É preciso inventar um outro *sistema de metabolismo verdadeiramente social* e, portanto, contrário aos imperativos expansionistas, incontroláveis e destrutivos do sistema de capital[37]. Isso vale também quando refletimos sobre a *liberdade substantiva,* a emancipação efetiva em relação à opressão de gênero, ao racismo, à homofobia, ao sexismo, à xenofobia, ao culto da ignorância etc.

Esse novo empreendimento social, para além dos constrangimentos do capital, somente poderá resultar das lutas da classe trabalhadora, dos movimentos sociais das periferias, das comunidades indígenas, do movimento negro, da juventude, da *revolução feminista global em curso*, que articula as lutas *contra a opressão masculina* àquelas *contra as múltiplas formas da dominação e de exploração do capital.*

É decisivo que recuperemos o autêntico *espírito comunal* presente nas comunidades indígenas, a vida em busca da *felicidade social* presente no Quilombo dos Palmares, e assim avancemos no desenho de uma nova forma de *propriedade social* (distinta inclusive da propriedade estatal).

A ideia de que o socialismo acabou é uma ficção que, infelizmente, encontra muitos adeptos. Se o *capitalismo levou pelo menos três séculos para se construir (desde* a *acumulação primitiva até a revolução industrial)*, por que o *socialismo teria que ter se constituído, em sua plenitude, em um único século* ou um pouco mais? A pandemia do capital tornou a invenção de um *novo modo de vida* o imperativo maior de nosso tempo.

---

[37] Durante a *Historical Materialism Conference* (novembro de 2019), na Universidade de Londres, da qual pude participar, Kohei Saito (Universidade de Osaka) proferiu excelente conferência, recuperando a decisiva conceitualização de Mészáros acerca do *sistema de metabolismo social,* demonstrando a *inseparabilidade entre ser social e natureza.* Ver Kohei Saito, "Marx's Theory of Metabolism in the Age of Global Ecological Crisis", *Historical Materialism*, n. 28, vol. 2 (2020), p. 3-24 e *Karl Marx's ecosocialism* (Nova York, Montlhy Review Press, 2019) [ed. bras.: Kohei Saito, *O ecossocialismo de Karl Marx: capitalismo, natureza e a crítica inacabada à economia política*, trad. Pedro Davoglio, São Paulo, Boitempo, 2021].

2

O TRABALHO NO CAPITALISMO PANDÊMICO[1]

I – UMA NOVA ERA DE DEVASTAÇÃO DO TRABALHO

A crise econômica e a explosão da pandemia do coronavírus, na inter-relação que há entre elas, têm gerado impactos e consequências profundas para a humanidade que depende de seu trabalho para sobreviver. Além dos altíssimos índices globais de mortalidade, o empobrecimento e a miserabilidade da classe trabalhadora em escala global vêm se ampliado significativamente. Em parcelas enormes desse contingente, que se encontram desempregadas e na informalidade, a situação se torna verdadeiramente desesperadora, como os exemplos da Índia e do Brasil tragicamente confirmam.

Com a covid-19 avançando em seu terceiro ano, sabemos que os números se ampliaram bastante em relação ao primeiro ano, sem esquecer a invisibilidade que caracteriza o mundo do trabalho em nosso tempo, tendência que se acentuou durante a pandemia, pois a mensuração do chamado "desemprego por desalento" tornou-se ainda mais difícil.

O exemplo do Brasil é elucidativo e sinaliza uma tendência que vem se desenvolvendo nos países da periferia. A vigência do *sistema de metabolismo antissocial do capital*, em uma fase de *crise estrutural* profunda, encontrou uma trágica confluência com a explosão do coronavírus, tornando mais visível o que denomino *capitalismo pandêmico ou virótico*. Encontramos sua primeira manifestação em seu sentido profundamente discriminatório em relação às classes sociais, pois a pandemia tem muito maior incidência sobre a classe trabalhadora, especial-

---

[1] Este capítulo retoma, com algumas alterações, nosso texto "Labour in Pandemic Capitalism", publicado no número especial de lançamento da revista *Notebook: The Journal for Studies on Power*, v. 1, n. 1, 2021. Disponível em: <https://brill.com/view/journals/powr/1/1/article-p44_44.xml>. Acesso em: 27 abr. 2022.

34 *Capitalismo pandêmico*

mente em seus setores mais precarizados e empobrecidos. Com o crescimento acentuado da massa de trabalhadores e trabalhadoras sem condições mínimas de sobrevivência, o nível de sua contaminação e letalidade se ampliou fortemente, demonstrando sua perversidade.

Tudo isso escancarou uma visceral contradição que atingiu a classe trabalhadora, sempre no "fio da navalha". Sabemos que, como medida sanitária, quando a pandemia atingiu níveis altos de contaminação pela covid-19, foi necessário decretar *lockdown*, para preservar a população do aumento de contágio do coronavírus. Se isso não fosse feito, a classe trabalhadora seria ainda mais contaminada, adoecendo e perecendo em quantidades cada vez maiores.

Mas surge uma primeira indagação crucial: como fazer *lockdown*, se a maioria da classe trabalhadora que se encontra desempregada não teve como obter recursos para sobreviver minimamente durante as fases mais difíceis da pandemia? Estando na informalidade e, consequentemente excluída dos direitos sociais, como poderia receber alguma remuneração? Os limitadíssimos apoios emergenciais nos países da periferia são irrisórios e de curtíssima duração.

É por isso que a pandemia ajudou a desnudar também a falácia daquilo que o empresariado denomina eufemisticamente "empreendedorismo", esse novo vilipêndio ideológico do capital que serve tanto para mascarar e obliterar as relações de assalariamento, como para esconder outra evidência cabal, dado que o capitalismo virótico não dispõe nem mesmo de uma política social mínima para amenizar o sofrimento dos desempregados. Recorre-se então à empulhação ideológica e a classe trabalhadora que se encontra na informalidade converteu-se, "num passe de mágica", em "novos empresários" ou "empreendedores".

Sua vida cotidiana na pandemia oscilava, ainda mais duramente, entre a fome, a busca por trabalho e o risco constante de adoecimento e morte. E essa situação socialmente desigual se acentuou significativamente nos países do Sul, dos quais a Índia, Brasil, México, África do Sul, são exemplos emblemáticos. No Brasil e na Índia, em particular, a vigência de políticas neoliberais devastadoras foi intensificada pois o objetivo prioritário é sempre ampliar o enriquecimento das classes burguesas, pouco importando a trágica situação da pandemia. Ambos possuem economias fortes e, no entanto, profundamente desiguais, o que os coloca entre aqueles países em que a riqueza das burguesias se encontra em abissal contradição com o nível de pobreza e miserabilidade das classes populares. Na Índia, a indigência se acentua em razão da sua enorme população, além da nefasta simbiose entre os sistemas de classes e de castas, que amplia ainda mais os níveis de miserabilidade.

Se este era o quadro antes da pandemia, não é difícil mostrar, como veremos a seguir, que tudo será mais grave e mais difícil no mundo pós-pandêmico. E é nesse contexto que a permanência e mesmo a ampliação do desemprego, do subemprego, da superexploração, da precarização, da informalidade e da intermitência se apresentam como tendência "natural". Tal hipótese se torna mais plausível na medida em que a pandemia do coronavírus acentua o abismo social que caracteriza não somente os dois países aqui referidos, mas também a totalidade do Sul global. Contudo, não podemos deixar de apontar que os países do Norte não estarão imunes a essas tendências destrutivas do trabalho. Dado que o capitalismo mundializado de nosso tempo tem uma característica *desigual e combinada*, o futuro próximo é muito mais eivado de temores do que de otimismo.

Se essa fotografia social global for procedente, não parece exagero indicar, então, que o *sistema de metabolismo antissocial do capital* assumiu-se, contemporaneamente, como uma forma de *capitalismo virótico*.

II – A PANDEMIA DA UBERIZAÇÃO

Foi nesse cenário social de devastação que o mundo do trabalho entrou na "segunda onda" do coronavírus: estamos nos referindo à *pandemia da uberização*. Tal realidade se manifesta quando constatamos que uma forte tendência que se desenvolvia amplamente antes do surto de covid-19 encontrou novas condições de expansão durante a pandemia.

Essa processualidade vem se efetivando pela disseminação do trabalho nas plataformas digitais – que são de fato grandes corporações globais – responsáveis pela criação do trabalho uberizado. Sem dispor de alternativas de trabalho e emprego, uma massa crescente de força de trabalho sobrante só encontra alguma possibilidade de remuneração por intermédio de empresas como Amazon (e Amazon Mechanical Turk), Uber (e Uber Eats), Cabify, 99, Google, Facebook, Airbnb, Lyft, IFood, Glovo, Deliveroo, Rappi, dentre tantas outras que não param de se esparramar pelo mundo. São corporações que, sob hegemonia do capital financeiro, apresentam articuladamente pelo menos três elementos essenciais para o seu funcionamento:

1) uso intenso de tecnologias de informação e comunicação (TIC);

2) disponibilidade de uma imensa força de trabalho sobrante, ávida por "qualquer trabalho", desde que haja alguma remuneração;

3) exigência de que esses novos trabalhadores e trabalhadoras se transfigurem em "prestadores de serviços", "autônomos", "empreendedores", para poder excluí-los completamente da legislação social protetora do trabalho.

Desse modo, o grande "segredo" das plataformas digitais é uma metamorfose profunda nas relações de trabalho na qual os trabalhadores e as trabalhadoras passam à condição de "prestadore(a)s de serviços", "autônomo(a)s" e, assim, a legislação do trabalho vigente nos países onde elas atuam pode ser burlada. Para esse "golpe de mestre", elas contam quase sempre com a aquiescência e a sujeição de governos, poderes Legislativo e Judiciário, e tornam-se altamente rentáveis e lucrativas. E o pior para a classe trabalhadora desempregada é que restou praticamente a alternativa do trabalho uberizado para fugir do flagelo do desemprego.

Esse fenômeno destrutivo das condições de trabalho e de seus direitos, duramente conquistados ao longo de décadas ou mesmo de séculos, vem se ampliando significativamente em diversos setores da produção (aqui usada em sentido amplo), como indústria e agricultura, mas é particularmente ágil e célere no setor de serviços, que foi intensamente privatizado e commoditizado ao longo das últimas décadas.

Mas devemos acrescentar outro elemento central que também se intensificou durante a pandemia. Sabemos que a destruição da força de trabalho é uma tendência que está presente na lógica do *sistema de metabolismo antissocial do capital* desde os seus primórdios. Não foi por outro motivo que Marx apresentou a constatação cáustica de que a produção do capital é, em última instância, "uma *dissipadora de seres humanos*, de *trabalho vivo*, uma dissipadora não só de *carne e sangue*, mas também de *nervos e cérebro*"[2].

Além desse sentido destrutivo da força de trabalho deve se somar outra tese basilar da obra marxiana: o capital não pode eliminar completamente o trabalho, pois, se o fizer, sua própria reprodução será comprometida. É somente por isso que a destruição de *trabalho vivo* não poderá levar à extinção completa da atividade humana laborativa. A extração do sobretrabalho foi, é e continuará sendo o fundamento ontológico da forma valor e do mais-valor, uma vez que as máquinas não podem criá-lo, embora o potencializem exponencialmente[3].

Não foi por nenhum outro motivo que o empresariado global – em particular a predadora burguesia brasileira – procurou, de todas as formas, impedir o uso recorrente do *lockdown*, pois sem trabalho e produção não há lucro nem criação de mais-valor.

A pandemia evidenciou, uma vez mais, a importância crucial e determinante do trabalho para a valorização do capital. Fenômeno que ocorre desde a Revolução Industrial e vem se acelerando com as TIC. Evidenciou também o desespero do sistema de metabolismo antissocial do capital, cuja oposição ao *lockdown* foi generalizada. Desse modo, a pressão pela "economia", pela "volta da produção" a qualquer custo, em detrimento da saúde da população trabalhadora, adicionou um novo ingrediente ao capitalismo, que, além de destrutivo, assumiu uma clara dimensão letal, incapaz até mesmo de dissimular seu desdém pela vida humana da classe trabalhadora. O subterfúgio foi dizer que a volta ao trabalho iria "garantir os empregos". Novamente a desfaçatez de classe da burguesia ficou explícita.

Dentro dessa lógica, o sistema de capital atuou de maneira bifronte: por um lado, procurou impedir a prática do *lockdown*; por outro, aproveitou-se da pandemia para desenvolver *novos laboratórios de experimentação do trabalho*, visando criar "novas" modalidades ainda mais intensas de exploração do trabalho. *O principal*

---

[2] Karl Marx, *O capital*, Livro III (trad. Rubens Enderle, São Paulo, Boitempo, 2014), p. 118; grifos nossos.

[3] Idem, *O capital*, Livro I (trad. Rubens Enderle, São Paulo, Boitempo, 2013).

resultado foi a constatação das enormes possibilidades de ampliação do trabalho uberizado, possibilitando às empresas utilizar quase sem limites essa enorme massa de desempregados. Combinando *o não cumprimento da legislação do trabalho, o uso de tecnologia de ponta, o incentivo à individualização e o consequentemente enfraquecimento dos sindicatos e dos movimentos de classe, tudo isso em uma fase de crise estrutural que se caracteriza pela ampliação do exército de reserva, o desastre se intensifica em várias partes do mundo.*

O trabalho que mais se expande no capitalismo atual – o trabalho uberizado – apresenta as seguintes condições: as jornadas são cada vez mais extenuantes, podendo chegar a dezesseis horas por dia ou mais, muitas vezes sem folga semanal; os salários cada vez mais baixos, mesmo durante a pandemia; os trabalhadores e as trabalhadoras de aplicativos podem ser demitidos a qualquer momento por decisão unilateral da empresa, que nem sequer precisa se justificar; os custos de manutenção de veículos, motos, bicicletas, celulares e outros equipamentos são de exclusiva responsabilidade dos trabalhadores, configurando uma realidade em que o binômio exploração/espoliação caminham juntos[4].Dessa nefasta simbiose entre trabalho intermitente e artefatos digitais e informacionais desenvolvemos a tese de que o *capitalismo de plataforma*, impulsionado pelas grandes corporações financeiras globais, vem praticando modalidades de trabalho que se assemelham à *protoforma do capitalismo,* gerando o nascimento do fenômeno social da *escravidão digital*[5]. Que esse avanço tecnológico informacional-digital não tem como objetivo básico a melhoria das condições de vida da classe trabalhadora parece por demais evidente. Basta acompanhar o confronto entre a empresa norte-americana Apple e a chinesa Huawei para constatar que a disputa entre essas duas gigantes do mundo digital não sinaliza, nem mesmo num horizonte distante, nenhuma melhora das condições de *trabalho e salários.*

O exemplo da empresa de terceirização global Foxconn, que produz a marca Apple em unidades produtivas na China, também é elucidativo. Nessa unidade fabril houve dezessete tentativas de suicídio em 2010, das quais treze resultaram em morte. E a sua concorrente, a Huawei, assim como a Alibaba, ambas chinesas, dão um "bom exemplo" das condições de trabalho que praticam, pois ambas utilizam o "sistema 9-9-6", no qual os operários *trabalham das 9 horas da manhã às 9 horas da noite, todos os dias, seis dias da semana*[6]. Jornadas de trabalho, portanto, que se assemelham às de Manchester nos séculos XVIII e XIX.

Assim, se a invenção tecnológica é, desde os seus primórdios, resultado da atividade da humanidade, é imperioso acrescentar que o *sistema de metabolismo antissocial*

---

[4]   Ver o amplo conjunto de pesquisas apresentado em Ricardo Antunes (org.), *Uberização, trabalho digital e indústria 4.0* (São Paulo, Boitempo, 2020).

[5]   Ver Ricardo Antunes, *O privilégio da servidão* (2. ed., São Paulo, Boitempo, 2020) e Idem, "Trabalho intermitente e uberização do trabalho no limiar da indústria 4.0", em *Uberização, trabalho digital e indústria 4.0*, cit.

[6]   Idem.

do capital, a partir da generalização da produção de mercadorias e do advento do capitalismo industrial, introduziu uma "segunda natureza" cujo objetivo primeiro e básico é ser uma mola propulsora da valorização do capital, pouco importando que essa lógica possa intensificar a degradação do trabalho, aumentar a destruição da natureza, ampliar as desigualdades sociais entre classes e empobrecer parcelas enormes da humanidade que dependem de seu trabalho para sobreviver.

Mas o "moinho satânico" não se resume a isso. Além do trabalho uberizado, há outros experimentos em curso nos laboratórios do trabalho que vêm sendo intensificados para serem amplamente utilizados após o fim da pandemia, dos quais um dos mais emblemáticos é o do *home office*.

Essa prática de trabalho, dentre tantos pontos indicados no Capítulo 1, oblitera a separação entre tempo de trabalho e tempo de vida, pois o espaço laborativo se confunde e se mescla com o universo microcósmico familiar, privado. Essa justaposição entre trabalho produtivo e trabalho reprodutivo tem acarretado profundas consequências, como a duplicação e a intensificação do trabalho feminino e a ampliação da *desigual divisão sociossexual, racial e étnica do trabalho*.

Vale acrescentar que as empresas se equipam cada vez mais para controlar digitalmente as atividades produtivas realizadas em *home office* e impedir que o trabalho se disperse e seja substituído por atividades reprodutivas. Além desse novo panóptico digital, sabemos que o ideário empresarial repete *ad nauseam* que, no universo empresarial de nosso tempo, as "metas", os "colaboradores", os "parceiros", os "empreendedores" devem ser cada vez mais "resilientes", fazendo adulterações lexicais que modificam o verdadeiro sentido etimológico dessas palavras. Ao assim proceder, esse ideário busca arraigar esses "valores" na subjetividade operária. O resultado é o aprofundamento do controle e da sujeição do que Gramsci definiu como "nexo psicofísico do trabalho" (formulação que aparece em sua crítica seminal ao taylorismo e ao fordismo, na qual denuncia as tentativas empresariais de controlar a sexualidade dos trabalhadores)[7].

O receituário empresarial da fase pós-pandemia já se encontra, então, desenhado e delineado: novas *personificações do capital são incentivadas*, ainda mais *coisificadas e reificadas*, tornando-se *novos apêndices autômatos* da maquinaria informacional-digital. E tudo isso sob a aparência de uma "neutralidade tecnológica", que, em verdade, é concebida, arquitetada e desenhada para atender aos interesses da *nova autocracia do capital*, um seleto e restrito grupo de corporações financeiras globais e seu séquito de milionários.

Assim, não parece difícil constatar que a pandemia não foi um "evento da natureza", mas o resultado de um sistema de metabolismo antissocial do capital que tem sido destrutivo e mesmo letal para a classe trabalhadora, para o meio ambiente

---

7   Ver Antonio Gramsci, "Racionalización de la producción y del trabajo", em Manuel Sacristán (org.), *Antologia: Antonio Gramsci* (México, Siglo XXI, 1977), p. 476.

e a natureza, obliterando e dificultando, das mais diferentes formas, a luta pela "igualdade substantiva"[8] entre os gêneros, raças, etnias, a plena liberdade sexual e a efetiva emancipação social.

III – Uma nota final

Do que indicamos anteriormente, devemos reiterar que a questão crucial que a pandemia nos impõe é desenvolver todos os esforços para preservar a vida e, simultaneamente, reinventar um novo modo de vida.

Comecemos pela atividade humana mais vital, aquela sem a qual a humanidade não sobrevive: o trabalho. Vimos que hoje há centenas de milhões de trabalhadores e trabalhadoras com empregos precários e jornadas diárias que atingem níveis similares àqueles das origens da Revolução Industrial. Mas quando olhamos o mundo do trabalho em escala global, vemos que existe um contingente monumental de pessoas que não tem nenhum trabalho e por isso percorre o mundo na tentativa desesperada de encontrar qualquer *labor*[9].

Uma primeira resposta é quase natural. Lutar pela redução da jornada de trabalho é um *primeiro passo* decisivo para distribuir melhor o tempo de trabalho entre todos e todas que se encontram no desemprego. Mas há um segundo passo: a pandemia nos fez compreender melhor quais são os *trabalhos socialmente úteis e necessários*, e quais são destrutivos, supérfluos e se resumem exclusivamente a enriquecer as classes proprietárias.

Se assim procedermos, o trabalho passará a ser tratado em uma dimensão qualitativamente superior. O que significa que a humanidade deve canalizar suas atividades laborativas para a produção de bens (e não de mercadorias) *socialmente úteis*, atividades que poderão ser realizadas numa menor jornada diária de trabalho.

Dado que o ser social é parte constitutiva da natureza e a *natureza humana* está indissoluvelmente imbricada com a *natureza orgânica e inorgânica*, há uma interação ineliminável entre essas dimensões decisivas do ser que não mais pode ser conduzida pelo sistema destrutivo e letal do capital. A luta pela abolição do trabalho assalariado e abstrato está portanto intimamente conectada com a luta pela preservação da natureza que se encontra em um momento de completa devastação.

Podemos perceber, então, que essas questões vitais se tornaram mais visíveis para o conjunto da humanidade durante o flagelo da pandemia, indicando até mesmo os primeiros e principais desafios que devem ser perseguidos, se quisermos obstar e superar o capitalismo virótico – que, aliás, já nos oferece uma miríade de novos

---

[8] István Mészáros, "A liberação das mulheres: a questão da igualdade substantiva", em *Para além do capital: rumo a uma teoria da transição* (trad. Paulo Cezar Castanheira e Sérgio Lessa, São Paulo, Boitempo, 2002).

[9] Pietro Basso, *Tempos modernos, jornadas antigas: vidas de trabalho no início do século XXI* (Campinas, Ed. Unicamp, 2018).

vírus que serão capazes de eliminar imensos contingentes populacionais, além das milhares de vidas que o coronavírus já ceifou.

A recuperação da natureza, que se encontra em colapso acentuado, também nos obriga a reinventar um novo modo de produção para além do capital, como única forma efetivamente capaz de eliminar os elementos mais destrutivos e letais do nosso tempo.

Similarmente ao trabalho e à natureza, o mesmo desafio se impõe quando almejamos a "igualdade substantiva" entre gênero, raça e etnia e, desse modo, a extirpação efetiva da homofobia, do sexismo, do racismo, da xenofobia, dentre tantas outras aberrações presentes em nosso tempo.

Sempre se poderá argumentar que essa proposição é utópica, impossível. Mas não parecia impossível demolir um sistema poderoso como o feudal, que perdurava havia dez séculos? Alguém poderia imaginar que o feudalismo seria derrotado pelas revoluções burguesas da França e da Inglaterra? Alguém poderia prever que a magistral Comuna de Paris iria florescer em uma das mais avançadas cidades da Europa, em pleno século XIX? Era plausível antever a eclosão da revolução na Rússia, país dominado por uma brutal autocracia czarista?

É certo que uma mudança de época só poderá ocorrer a partir de revoltas, sublevações, rebeliões e revoluções que se desenvolvam a partir das classes subalternas, nas quais a classe trabalhadora, em sua nova morfologia, tem importância central. Mas essa mudança de época não poderá prescindir da ação dos movimentos sociais das periferias, especialmente quando olhamos para o Sul global.

3

PANDEMIA, DIREITOS SOCIAIS E TRABALHO NO BRASIL: A METÁFORA DO *BACURAU*[1]

I – A PANDEMIA E O CENÁRIO SOCIAL BRASILEIRO

A pandemia provocada pelo novo coronavírus, a crise econômica e a interconexão profunda que há entre elas vêm impactando profundamente a classe trabalhadora. Desde logo, presenciamos um processo de aumento do empobrecimento e dos níveis de miséria em amplas parcelas e segmentos dessa classe, cujo cotidiano é pautado ou por uma intensa exploração do trabalho e precarização ou – o que é ainda mais brutal – pelo flagelo do desemprego, do subemprego e da informalidade, fenômenos explosivos e de dimensão global. Já aquele(a)s que estavam trabalhando antes da pandemia faziam-no crescentemente sob a modalidade da *uberização*, que crescia exponencialmente nas chamadas plataformas digitais e aplicativos.

Com a eclosão da pandemia, em meio a uma profunda *crise estrutural do capital*, esse quadro se acentuou vertiginosamente. Quando se tem um sólido conjunto de leis que protegem o trabalho, quando se tem uma classe trabalhadora estável, organizada solidamente em sindicatos, qualquer decisão tomada por governos e empresas tem de respeitar essas leis, que funcionam como uma espécie de anteparo social. O que acontece, porém, quando os trabalhadores e as trabalhadoras passam

---

[1] Este capítulo é resultado de várias *lives* realizadas nos primeiros meses da pandemia. Uma primeira versão apareceu em "O vilipêndio do coronavírus e o imperativo de reinventar o mundo", em Anjuli Tostes e Hugo Melo Filho (orgs.), *Quarentena: reflexões sobre a pandemia e depois* (Bauru, Canal 6, 2020). Outra versão, modificada, foi publicada na revista *O social em questão*, ano XXIV, n. 49, 2021. Agradeço a Inez Stampa pela edição cuidadosa das notas de rodapé. O mesmo artigo saiu ainda, com novas alterações, em Andrei Koerner, Paulo César Endo e Carla Cristina Vreche (orgs.), *Debates interdisciplinares sobre direito e direitos humanos: impasses, riscos e desafios* (Campinas, Ed. Unicamp, 2022).

por um enorme processo de devastação e corrosão dos direitos, como tem acontecido no Brasil, sobretudo de 2016 para cá?

O cenário social no país, antes da pandemia, já contabilizava uma massa imensa de trabalhadores informais, terceirizados, precarizados, flexíveis e intermitentes que, no caso dos uberizados em particular, não tinham alternativa senão trabalhar oito, dez, doze e até catorze horas por dia. Se não o fizessem, não teriam sustento, pois compreendem uma categoria completamente à margem dos direitos do trabalho. Com a eclosão da nova pandemia do capital, o que aconteceu?

Se as empresas onde trabalhavam fecharam suas portas, de que e como estão sobrevivendo? Que direito lhes garantiram permanecer em casa, em isolamento, para evitar um contágio que poderia ser letal? Como receberam recursos, de modo a se manter, sobreviver, preservar sua saúde e a de seus familiares?

O capitalismo brasileiro, a sociedade política e o Estado, todos um tanto quanto *predadores*, e tão sequiosos no cumprimento do ideário e das pragmáticas dos capitais, não lhes preservaram o *direito essencial à vida*. É por isso que esse segmento ampliado da classe trabalhadora constitui uma variante que, em *O privilégio da servidão*, denominei *escravidão digital*. Isso porque, na informalidade e na intermitência, vigoram uma manipulação e uma adulteração que *convertem* a crescente força de trabalho em *prestadores de serviços*, o que abre "a porteira" para a burla e o não cumprimento da legislação protetora do trabalho. Esses trabalhadores e trabalhadoras são, portanto, desprovidos de direitos. Agora, na era da pandemia, essa alquimia empresarial se ampliou. O que vem ocorrendo?

Não foram poucas as devastações sociais que presenciamos. Quando Michel Temer e o Congresso nos impuseram a liberação da terceirização[2], ingressamos num universo societal laborativo que chamo de *sociedade da terceirização total*. Já naquele momento, era evidente que um amplo contingente da nossa classe trabalhadora viveria uma tragédia ainda maior do que aquela que já estava padecendo. E esse cenário se agudizou com a reforma trabalhista[3] (que na realidade foi uma *contrarreforma trabalhista*). Dentre tantos aspectos nefastos, intensamente discutidos, foi liberado o perverso *trabalho intermitente*, que se tornou *legal* e *formal*. E é bom enfatizarmos que a "contrarreforma", no que diz respeito ao trabalho intermitente, "legalizou o ilegal". Em outras palavras, legalizou o vilipêndio e formalizou a informalidade.

---

[2]   A Lei 13.429, de março de 2017, também conhecida como Lei da Terceirização, muda de forma significativa a relação entre empresas e trabalhadores terceirizados. O principal ponto a ser destacado é o fato de que passa a ser permitida a terceirização da força de trabalho para atividades-fim das empresas e não apenas para as atividades-meio, como já acontecia.

[3]   Uma das principais medidas tomadas pelo governo de Michel Temer foi a reforma trabalhista (Lei 13.467/2017), o mais profundo conjunto de alterações já realizado nos dispositivos da Consolidação das Leis do Trabalho (CLT). Promulgada em julho de 2017, a reforma foi programada para entrar em vigor 120 dias depois.

Com Jair Bolsonaro, o quadro se tornou verdadeiramente desesperador para a classe trabalhadora. A política econômica do seu governo expressa um enorme desprezo pela *vida* do(a)s assalariado(a)s, as maiores vítimas da pandemia. O dilema da classe trabalhadora tornou-se mais rude e duro: se voltam a trabalhar ou se permanecem em seus postos de trabalho, convertem-se em reais candidatos à vala comum dos cemitérios; se acatam o isolamento e a quarentena, a classe trabalhadora que se encontra na informalidade morre de fome. A proposta do governo de oferecer R$ 600,00 durante três meses (vale lembrar que a proposta inicial de Paulo Guedes era de R$ 200,00)[4] às parcelas mais empobrecidas da classe trabalhadora é acintosa, uma vez que é absolutamente insuficiente para garantir um mínimo de dignidade[5].

A constatação se evidencia: vivemos um capitalismo acentuadamente destrutivo, responsável por uma corrosão ilimitada dos direitos sociais do trabalho, e cujo resultado é uma massa imensa de indivíduos sem trabalho, sem salário, sem previdência e sem sistema de saúde pública abrangente[6]. E a pressão para impedir o *lockdown* – e assim salvar a economia – amplia ainda mais a destruição da classe trabalhadora.

Como se pode observar, a pressão do governo, a pretexto de recuperar a economia, obriga milhares de trabalhadores e trabalhadoras a voltar ao trabalho para garantir seu emprego. Os dados referentes às mortes por covid-19, especialmente na classe trabalhadora, falam por si só. O coronavírus tem *corpo-de-classe*, atingindo mais as mulheres assalariadas, negras e imigrantes.

Em condição social ainda mais desesperadora encontram-se o(a)s desempregado(a)s. Esse contingente totalizava, no início de 2020, aproximadamente 12 milhões de pessoas, segundo os índices oficiais; se acrescentarmos o *desemprego por desalento*[7], esse número se avoluma ainda mais. Com o *mercado* paralisado, com as

---

[4]   O auxílio emergencial de R$ 600,00, pago a trabalhadores informais de baixa renda durante a pandemia, foi aprovado pelos parlamentares e resultou na Lei 13.983, sancionada no dia 2 de abril de 2020 por Jair Bolsonaro após muita polêmica e pressão da oposição.

[5]   A título de comparação, em alguns países europeus, especialmente os escandinavos, onde os índices de trabalho informal e precarizado são muito menores, a classe trabalhadora pôde se isolar em casa e continuar percebendo seus salários, além de contar com um serviço público de saúde de qualidade. Nos países da periferia, os trabalhadores informais e precários foram os mais penalizados, sobretudo mulheres, negros, indígenas e imigrantes. Nos países da América Hispânica, como Equador, Bolívia, Colômbia, Peru etc., o alvo foram o(a)s trabalhador(e)s indígenas.

[6]   Aqui vale uma nota adicional: o Brasil tem o Sistema Único de Saúde (SUS), que é uma experiência pública muito importante, mas que vem sendo destroçado pelas políticas neoliberais, financistas e privatistas. A Proposta de Emenda à Constituição n. 55/2016 (também conhecida como PEC do Fim do Mundo), aprovada durante o governo terceirizado de Michel Temer (Emenda Constitucional n. 95/2016), ao proibir o aumento de recursos para saúde, educação e previdência, antecipou um cenário no qual aqueles que precisarem dos hospitais públicos não encontrarão atendimento, mesmo que estejam gravemente doentes.

[7]   Essa é uma categoria especial de desempregados: são pessoas que não estão trabalhando e que, embora queiram trabalhar, desistiram de procurar vagas, pois não acreditam que encontrarão emprego.

bolsas de valores despencando em níveis espetaculares, como vimos ao longo de 2020, num cenário de ausência completa de proteção social não é difícil perceber que a hecatombe é muito maior para a classe trabalhadora. Sem perceber um salário emergencial minimamente digno para sobreviver, sem um sistema de saúde sólido e sem um sistema previdenciário público (destroçado pelo governo Bolsonaro)[8], como será possível superar esta fase hedionda na qual a pandemia da covid-19 e a toxidade do capital apenas se intensificam?

É importante destacar que essa tragédia social não é *causada* pela pandemia, ainda que seja *amplificada exponencialmente* por ela. Isso porque a tragédia social é anterior à atual situação pandêmica.

Estamos, portanto, à beira de um colapso social profundo, impulsionado pelo capitalismo em sua variante ultraneoliberal, que é ainda mais corrosiva. As empresas e as burguesias tentarão impor, mais uma vez, a *recuperação de seus níveis de lucro e acumulação, transferindo todo o ônus da crise para a classe trabalhadora*. Por conta disso, os desafios que teremos pela frente serão de grande monta, se quisermos combater e confrontar toda a destrutividade e mesmo a letalidade do *sistema de metabolismo antissocial do capital*.

II – A imensidão dos desafios

Há, desde logo, um ponto que considero muito importante e que está presente nas ações que a classe trabalhadora está fazendo para sobreviver nas periferias, nos bairros operários, nas comunidades populares e indígenas: o *desafio da auto-organização*. Isso porque, deste governo, não se pode esperar nada que não seja devastação social: trata-se de um desgoverno que combina desqualificação, desequilíbrio, ideário fascista e capitalismo excludente e brutal; que é completamente dependente dos interesses das mais distintas frações burguesas (especialmente as mais predadoras); e que, desde o começo, não faz outra coisa senão destroçar a *res publica* (tudo que é público e ainda funciona neste país está sendo destruído e estamos vendo as consequências profundas disso, especialmente na saúde pública). O último exemplo dessa monta foi a destruição completa da previdência pública, que em algum momento terá de ser revogada.

A auto-organização popular talvez seja o principal elemento deste período tão trágico e tão destrutivo. Sabemos que há uma fragilização dos sindicatos, além da acomodação de seus setores mais cupulistas e conciliadores. Mas também sabemos que há um real desafio para o *sindicalismo de classe e de base* que será o de representar o conjunto amplo, compósito e heterogêneo da classe trabalhadora em sua *nova*

---

[8] Emenda Constitucional n. 103, de 12 de novembro de 2019. Altera o sistema de previdência social e estabelece regras de transição e disposições transitórias. São medidas que modificam substantivamente a legislação previdenciária do país em desfavor da classe trabalhadora.

morfologia. Obviamente o Estado (em todas as suas instâncias: federal, estadual e municipal) tem de ser fortemente confrontado e intensamente pressionado a tomar medidas que minimizem a tragédia social da classe trabalhadora.

Mas há outro ponto que entendo ser crucial: as esquerdas sociais e políticas não podem mais continuar seguindo a rota tradicional; seu maior desafio será o de atuar na vida cotidiana dos trabalhadores e trabalhadoras para avançar no desenho de um novo projeto humano e social, um *novo modo de vida*, para além dos constrangimentos impostos pelo sistema de metabolismo antissocial do capital.

Por certo sabemos que o cenário social e político é difícil: a extrema direita, em várias partes do mundo, está assumindo sua posição ultra-agressiva, *antissistêmica*, que atribui a si a capacidade de *mudar o mundo*, mesmo sabendo que sua propositura é a porta de entrada para o Inferno de Dante, pois sela a finitude do que nos resta de vida civilizada. Se estivéssemos em 2011-2013, nosso olhar estaria voltado para uma *era de rebeliões* em expansão por todo o mundo: a geração *nem estuda nem trabalha* na Espanha, os *precári@s inflexíveis* em Portugal, o Occupy Wall Street nos Estados Unidos, as explosões na França, na Inglaterra, na Grécia e em vários países do Oriente Médio. No entanto, essa *era de rebeliões* não se converteu em uma *era de revoluções*. Esses dois fenômenos sociais são distintos, um pode se metamorfosear no outro, mas exige uma processualidade complexa, que inexistia nas rebeliões de massa daqueles anos.

Àquela *era de rebeliões* sucedeu-se uma *era de contrarrevoluções* da qual são exemplos a eleição de Donald Trump nos Estados Unidos, de Boris Johnson na Inglaterra e de vários governantes fascistas e de extrema direita na Hungria, Áustria e Polônia, governos de extrema direita que antecederam Bolsonaro. Mas a história é imprevisível e muitas vezes impiedosa. Trump foi derrotado pelo coronavírus e por uma crise econômica que ele não imaginava que pudesse chegar tão longe. Sem Trump, Bolsonaro vem se fragilizando cada vez mais, sendo apontado como uma aberração mundial, em todas as dimensões: sanitária, ambiental, política, ideológica e valorativa. Sem Trump, a extrema direita e o fascismo perderam seu principal baluarte mundial.

E, como são profundas as consequências econômicas, sociais e políticas, não é impossível visualizarmos, num cenário com alternativas antípodas, a eclosão de uma nova era de revoltas, como vimos no Chile, por exemplo. Uma crise estrutural, nesta era de mundialização do capital, traz também, em seu bojo, a possibilidade de mundialização das rebeliões e das lutas sociais. Vale lembrar que está em curso uma forte *revolução feminista*, que contempla por certo uma ampla disputa de perspectivas e concepções, mas que traz em seu *ser* a ideia central do fim de tantas opressões. O movimento antirracista também está se expandindo globalmente.

As respostas do grande capital estão mais do que evidenciadas: um modelo antissocial, fundado na acumulação capitalista e na riqueza privatizada a todo custo, respaldada na exploração e na espoliação ilimitadas do trabalho, na corrosão completa dos direitos sociais, na destruição da natureza, no racismo, no sexismo, na homofobia, na xenofobia, tudo isso sob o embalo da mais horripilante forma de poder da era capitalista que é a aberração fascista.

Agora, entretanto, o *rei está nu*: a essência perversa e destrutiva do *sistema de metabolismo antissocial do capital* destrói o trabalho e a humanidade, destrói a natureza, explora e oprime intensamente as mulheres, negros e negras, indígenas, impede a busca vital da *igualdade substantiva*, a felicidade da juventude, a plena liberação sexual etc. É chegada a hora de obstar, barrar, travar e impedir mais devastação do trabalho, mais sujeição, mais desumanização.

Como pude recordar recentemente em entrevista ao *Marco Zero Conteúdo*[9], até poucos meses antes da pandemia toda a grande imprensa brasileira e latino--americana (para não dizer mundial) citava o Chile como o exemplo mais bem-sucedido de neoliberalismo na América Latina. Esse projeto entrou em colapso com a explosão de uma enorme rebelião popular. E o que causou esse levante? O aumento da passagem do metrô. Nessa ocasião, o *copo transbordou*, depois de uma sucessão quase interminável de saques e vilipêndios.

Para finalizar, recorro a uma metáfora. Quando todas as alternativas parecem imprevisíveis, aflora a contundente metáfora do *Bacurau*[10]. Depois do enorme saque causado por forças poderosas externas e quase invisíveis, o que menos parecia factível ocorreu: o levante popular, a revolta de toda a população da cidade contra o vilipêndio que vinha sofrendo. *Isso porque é difícil imaginar que uma sociedade – qualquer que seja –* possa ser destroçada ilimitada e eternamente.

E termino com outra metáfora: o grande escritor peruano Ciro Alegría escreveu um belíssimo livro sobre a América indígena cujo título é *Grande e estranho é o mundo*[11]. Pois é nesse *imenso e estranho universo* que aflora o dilema crucial de nosso tempo: ele não pode ser outro senão o de *reinventar um novo modo de vida*.

---

[9] Helena Dias, "'Chega uma hora que a saída é ao modo do filme Bacurau, entende?' (entrevista com Ricardo Antunes)", *Marco Zero Conteúdo*, Recife, 25 mar. 2020.

[10] *Bacurau* (2019), dirigido por Kleber Mendonça Filho e Juliano Dornelles, conta a história de uma pequena cidade cujos moradores se unem para lutar contra o seu extermínio.

[11] Ciro Alegría, *Grande e estranho é o mundo* (São Paulo, Paz e Terra, 1981 [1941]). Obra-prima do autor e um dos romances mais notáveis da literatura latino-americana, com numerosas edições e traduções para vários idiomas, narra os problemas da comunidade andina de Rumi, que enfrenta a ganância do proprietário Álvaro Amenábar e Roldán para manter suas terras. "Vá para outro lugar, o mundo é vasto", dizem os invasores. Os membros da comunidade buscam então outro lugar para morar. Mas, embora seja verdade que o mundo é vasto, ele sempre lhes será estranho. A experiência trágica de muitos deles, sofrendo a mais cruel exploração, adoecendo e até mesmo morrendo, demonstrará isso amplamente.

Parte II
PANDEMIA E PANDEMÔNIO

4

A POLÍTICA DA CAVERNA: A CONTRARREVOLUÇÃO DE BOLSONARO[1]

> *A escória da sociedade burguesa acaba por formar a falange sagrada da ordem, e o herói Crapulinski entra triunfalmente nas Tulherias como "salvador da sociedade".*
>
> Karl Marx, *O 18 de Brumário de Luís Bonaparte*

I – Apresentação

No início deste tenso século XXI, andando pelas ruas de Roma, em uma das minhas tantas viagens à Itália, me deparei com um cartaz que estampava a seguinte bandeira política: *"Nós somos a verdadeira direita!"*.

Minha reação foi de grande estranhamento e enorme susto. Estava acostumado, havia muitas décadas, a ver a *direita* se autodefinir como *democrática, liberal*, de *centro*, no máximo como *conservadora*. Mas raramente como *direita* e, menos ainda, como *verdadeira direita*. Essa terminologia remontava ao nazismo na Alemanha, ao fascismo na Itália, ao franquismo na Espanha, ao salazarismo em Portugal, ao integralismo no Brasil, dentre outras aberrações que vicejaram no século passado.

Aquele cartaz político parecia sinalizar a possibilidade de um cenário muito distinto do que vivenciávamos desde o pós-Segunda Guerra Mundial, especialmente na Europa (com as exceções em especial de Espanha, Portugal e Grécia). Mesmo as horrorosas ditaduras militares que proliferaram na América Latina entre as décadas de 1960-1980 não se definiam como "verdadeira direita". No Brasil, por exemplo, a ditadura militar de 1964 se autoproclamou "Revolução Brasileira".

---

[1] Este artigo foi publicado originalmente como livro a convite da Editora Castelvecchi (Roma, 2019), com o título *La politica della caverna: la controrivoluzione di Bolsonaro*. Assim, ele foi concebido para o publico leitor estrangeiro. O texto foi redigido em abril de 2019, poucos meses depois da posse do governo Bolsonaro. O capítulo 5 é uma continuação dessa análise e, por isso, não fizemos nenhuma atualização neste capítulo.

50   *Capitalismo pandêmico*

Algo começava a mudar... e, de lá para cá, a roda da história só confirmou aquela minha sensibilidade. Com a eclosão da *crise estrutural* de 2008-2009 – que teve como epicentro os países capitalistas da Europa, Estados Unidos e Japão, mas comportava uma forte dimensão global – ingressamos num período de muita turbulência social e política.

Inicialmente, houve uma espetacular fase de revoltas, uma verdadeira *era de rebeliões* que abalou a África (Tunísia, Egito), vários países do Oriente Médio, a Europa (insurgência na Grécia, além de rebeliões na Espanha, Inglaterra etc.), as Américas (Occupy Wall Street nos Estados Unidos e, no Brasil, as rebeliões de junho de 2013) e tantas outras que se espalharam pelo mundo.

Assumindo traços polissêmicos, polimorfos, e expressando descontentamentos crescentes em relação às formas tradicionais da institucionalidade e da representação política, essas rebeliões se configuraram como levantes e manifestações fortemente *plebiscitárias*, nas ruas e nas praças, contra os governos os mais distintos, combinando reivindicações sociais e políticas contra o empobrecimento, a precarização, o desemprego, as tiranias, as ditaduras, as "democracias tradicionais" mergulhadas na corrupção, sempre muito servis aos mercados. Recusavam o eterno pêndulo político se alternando entre forças *aparentemente* distintas que, entretanto, acabavam por representar a mesma *ordem*.

Mas essa *era de rebeliões* não conseguiu se converter em um ciclo de mudanças estruturais mais profundas. Ao contrário, foram pouco a pouco perdendo força e ímpeto, quer pela forte repressão que sofreram, quer pelo lento refluxo e esgotamento (muitas delas não tinham objetivos políticos claramente definidos), até que as forças da ordem conseguiram retomar seus domínios. Impossibilitado de se converter em uma *era das revoluções*, esse período de levantes deu origem ao seu antípoda. Adentramos, então, uma *era de contrarrevoluções*.

A vitória de Donald Trump nos Estados Unidos, o *Brexit* no Reino Unido, o crescimento da extrema direita com Marine Le Pen na França, o renascimento do nazismo na Alemanha, as vitórias de Viktor Orbán na Hungria, Rodrigo Duterte nas Filipinas, dentre tantas outras, indicavam esse novo recrudescimento, essa nova fase na qual a extrema direita parecia ressuscitar. De fato, a *verdadeira direita* começava a ressurgir das sombras e das trevas.

Foi neste contexto social e político que ocorreu a vitória da extrema direita no Brasil, com a eleição de Jair Bolsonaro, contra todas as previsões e contra todas as expectativas. Depois de mais de uma década de governos dirigidos pelo Partido dos Trabalhadores (PT), depois de quatro vitórias eleitorais sucessivas, a *contrarrevolução* brasileira triunfou. É desse episódio político que trataremos neste capítulo.

II - Ditadura militar e neoliberalismo no Brasil: dupla face da barbárie

Foi em 1964, depois de uma fase de intensa expansão capitalista que ampliou significativamente o processo de industrialização no país, que o Brasil sofreu um forte trauma político em sua história. Incapaz politicamente de garantir seus interesses dentro dos marcos da democracia burguesa, a classe dominante recorreu à *manu militari* e deflagrou um golpe militar que deu início a um longo período de ditadura (1964-1985). Tratava-se de garantir os interesses das classes dominantes, nacionais e estrangeiras, que temiam o avanço das lutas operárias e populares que se desenvolveram e se acentuaram nos anos 1950 e 1960.

Iniciava-se, então, um período ditatorial que o sociólogo brasileiro Florestan Fernandes caracterizou, em *A revolução burguesa no Brasil*, como uma *contrarrevolução burguesa preventiva*. A burguesia brasileira, dada a sua debilidade estrutural, incapaz de efetivar a constituição de um capitalismo nacional, abandonou qualquer projeto autônomo e democrático e recorreu a uma forma autocrática de dominação: uma ditadura militar que desde o princípio teve um caráter mistificador e manipulador. Um exemplo disso é ela ter se autodefinido como "revolução". Tentou, com esse jogo de palavras, obter o apoio de amplas parcelas das classes populares que começavam a lutar pela *revolução brasileira*[2].

Esse poder ditatorial e militarizado teve um caráter bifronte. Por um lado, implementou uma política econômica baseada na internacionalização da economia brasileira, privatizando e decretando uma legislação social e trabalhista que impulsionou e intensificou a superexploração do trabalho no Brasil. Por outro, no âmbito político, implantou um *Estado militar de exceção* cujo objetivo central era derrotar a organização popular (operários, camponeses, assalariados rurais, estudantes etc.) que vinha se desenvolvendo significativamente. Mais de vinte anos depois, com o avanço da luta antiditatorial, os militares iniciaram um movimento político de transição, transferindo o poder aos civis, mas garantindo a *tutela militar* para assegurar os grandes interesses burgueses.

E foi assim que, finalmente, em 1989, ocorreu a primeira eleição presidencial direta desde o fim da ditadura militar. Foi no início dos anos 1990, com a vitória eleitoral de Fernando Collor de Mello (1990-1992), uma espécie de *semi-Bonaparte civil sem nenhuma qualificação*, que o neoliberalismo começou efetivamente a ser introduzido no Brasil. As principais consequências (como, aliás, na totalidade dos países onde esse ideário e essa pragmática se instalam) foram: crescente hegemonia do capital financeiro, avanço dos lucros e ganhos do capital, liberalização econô-

---

[2] Ver Caio Prado Jr., *A revolução brasileira* (São Paulo, Brasiliense, 1966). Ver também Francisco de Oliveira, *Crítica à razão dualista/O ornitorrinco* (São Paulo, Boitempo, 2003); Marco Aurélio Santana, *Homens partidos: comunistas e sindicatos no Brasil* (São Paulo/Rio de Janeiro, Boitempo/ Ed. Unirio, 2001).

mica com a ampliação expressiva da privatização de empresas públicas, além de desregulamentação completa dos direitos do trabalho. Tudo isso resultou em um aumento significativo da concentração de riquezas no país, especialmente sob o governo de Fernando Henrique Cardoso (1995-2002), visto que Collor sofreu um processo de *impeachment* em 1992.

Na década de 1990, o Brasil vivenciou um processo que chamei de "desertificação neoliberal"[3]. O setor produtivo estatal brasileiro foi fortemente privatizado; a legislação trabalhista foi gradativamente desregulamentada e o setor financeiro foi monopolizado, ampliando enormemente sua hegemonia na condução da política econômica do governo Fernando Henrique Cardoso. Não só a oposição *anticapitalista* foi gradativamente desconstruída, mas também o *reformismo*, que defendia a reforma agrária, urbana e tributária, foi sendo pouco a pouco eliminado do cenário político brasileiro (especialmente de 1961 a 1964, durante o governo João Goulart). Assim, o neoliberalismo, nos dois governos de Fernando Henrique Cardoso, começou a se consolidar no Brasil.

III – O PT no governo e sua política de conciliação (entre entificações sociais inconciliáveis)

Em 2002, tudo levava a crer que o Brasil mudaria de rota. Entretanto, quando o PT venceu as eleições em 2002, elegendo sua principal liderança sindical, Luiz Inácio da Silva (Lula), o partido já não era mais o mesmo. O *transformismo*, conceito ricamente desenvolvido por Antonio Gramsci nos *Cadernos do cárcere*[4], já havia atingido em profundidade o que de mais forte caracterizava a organização: sua *origem social operária e popular*[5].

Molecularmente, quase sem se dar conta (à exceção de seus críticos de esquerda) o PT abandonava a concepção de *partido de classe*, que defendia a *autonomia* e a *independência política* da classe trabalhadora, para converter-se em um partido "de todos", "capaz de tomar o poder" sem causar nenhuma contestação da Ordem. Pautado cada vez mais pelos calendários eleitorais, distanciado das lutas da classe trabalhadora, o partido foi pouco a pouco abandonando, nos núcleos que o dirigiam e definiam suas políticas, quaisquer aspirações anticapitalistas e socialistas. Essas

---

[3] Ricardo Antunes, *A desertificação neoliberal no Brasil: Collor, FHC e Lula* (Campinas, Editores Associados, 2004).

[4] Antonio Gramsci, *Cadernos do cárcere* (trad. Carlos Nelson Coutinho, 5. ed., Rio de Janeiro, Civilização Brasileira, 2010).

[5] Utilizamos amplamente neste texto várias ideias desenvolvidas no nosso livro *O privilégio da servidão* (2. ed., São Paulo, Boitempo, 2020) e em nossa entrevista em "The Long Brazilian Crisis: A Forum" (orgs. Juan Grigera e Jeffery R. Webber), *Historical Materialism*, jan. 2018. Disponível em: <https://www.historicalmaterialism.org/articles/long-brazilian-crisis-forum>. Acesso em: 21 mar. 2022.

bandeiras ficaram restritas aos grupamentos marxistas minoritários que existiam no interior do PT e que, entretanto, não encontravam nenhuma possibilidade efetiva de definir e conduzir as ações do partido. E foi assim que um dos mais importantes partidos operários do Ocidente, que tantas esperanças havia criado na população trabalhadora brasileira, metamorfoseou-se e acabou por se converter em um *Partido da Ordem*[6].

Essa complexa mutação foi a causa fundante das políticas desenvolvidas pelo PT durante os governos de Lula (2003-2011) e Dilma (2011-2016). Entretanto, suas ações, quando analisadas em seus fundamentos, foram caracterizadas mais pela *continuidade* do que pela *ruptura* em relação ao neoliberalismo, ao menos no que concerne aos aspectos mais determinantes. O que explica, então, o enorme sucesso dos governos de Lula?

Tal sucesso, ocorrido especialmente no segundo mandato de Lula (2007-2011), foi resultado de um crescimento econômico importante, com ênfase na expansão do mercado interno. Sua política econômica deu grande incentivo à produção de *commodities* para a exportação (ferro, etanol, soja etc.) e às indústrias, por meio da redução de tributos para a produção de automóveis, eletrodomésticos e construção civil, além de preservar "criteriosamente" o "superávit primário", que beneficiava especialmente o capital financeiro. Não foi sem razão que Lula disse, repetidas vezes, que nunca os bancos lucraram tanto quanto no seu governo. Ele estava certo.

Havia, entretanto, uma sutil diferenciação em relação ao neoliberalismo. Ele acrescentou aos elementos macroeconômicos neoliberais acima indicados elementos de uma política social focalizada, que beneficiou as parcelas mais empobrecidas da população brasileira, aqueles setores que vivenciavam níveis de miserabilidade. Seu programa, denominado Bolsa Família, foi a maior expressão dessa política assistencial e se tornou a proposta mais bem-sucedida de seu governo. Tratava-se de uma ação assistencialista, de grande abrangência, que minimizava (*mas sem jamais eliminar*) os elevados níveis de miséria, especialmente nas regiões mais empobrecidas do país. Os *pilares estruturantes da miséria brasileira, infelizmente, não foram sequer minimamente enfrentados*[7].

Em comparação com o governo anterior, de Cardoso, deve-se mencionar ainda que houve, sob Lula, uma política de valorização salarial (especialmente do salário mínimo brasileiro). Isso porque o Estado, além de garantir, preservar e ampliar os interesses das grandes frações burguesas, exerceu o papel de incentivar a economia e ampliar as políticas sociais, o que levou à criação de mais de 20 milhões de empregos em pouco mais de uma década. É por isso que caracterizei seu governo como *social-liberal* para mostrar a nuance que o diferenciava do *neoliberalismo*.

---

[6] Karl Marx, *O 18 de Brumário de Luís Bonaparte* (trad. Nélio Schneider, São Paulo, Boitempo, 2011).

[7] Ver Ricardo Antunes, *O privilégio da servidão*, cit.

54   *Capitalismo pandêmico*

Assim, tendo Lula como uma espécie de grande *benefactor*, seu governo foi considerado muito exitoso no que diz respeito à implantação de uma política policlassista, cujo *fio condutor central* era uma política de *conciliação de classes* que, ao mesmo tempo que preservava e ampliava os interesses e lucros das frações burguesas dominantes, favorecia os setores mais empobrecidos da classe trabalhadora brasileira, especialmente no Nordeste brasileiro.

Foi assim que Lula se tornou, para as classes burguesas, um autêntico líder, uma espécie de Bonaparte, no sentido dado por Marx[8]: seguiu rigorosamente seus compromissos com as classes dominantes, fazendo tudo que era possível para aumentar seus já altos níveis de acumulação, garantindo assim o *total* apoio da burguesia ao seu governo. O apoio da classe trabalhadora já havia sido obtido desde meados dos anos 1970, quando Lula se consolidou como uma grande liderança sindical e operária ainda sob a ditadura militar. Foi nessa década que aflorou, a partir da região industrial do ABC paulista, o importante movimento sindical e grevista do qual se originou a liderança de Lula. Quando terminou seu governo, Lula era uma figura "adorada" pela maioria esmagadora da população brasileira. E as classes médias conservadoras e as frações burguesas tiveram de se curvar à sua "genialidade política".

Em 2010, findo o seu governo com níveis altíssimos de apoio da maioria esmagadora da população, Lula escolheu Dilma Rousseff para sucedê-lo. Esse foi, por certo, *um de seus maiores erros políticos*, dentre outros cometidos por aquele que fora, nos anos 1970-1980, *o mais importante líder operário da história brasileira*. Como na espetacular tragédia de *Frankenstein*, o *criador* veio a decepcionar-se com a sua *criatura...* ao invés de ser uma espécie de executora das proposições de Lula, Dilma tinha seu modo próprio, que Lula só veio a conhecer de modo pleno posteriormente.

Em seus dois mandatos (2011-2014 e 2015-2016, uma vez que o segundo foi interrompido pelo *impeachment*), Dilma manteve o mesmo receituário econômico implementado por Lula[9]. Enquanto o cenário econômico mundial foi favorável aos governos do PT, o Brasil despontou como uma experiência de destaque na economia global, merecendo inúmeras referências positivas do Banco Mundial, Fundo Monetário Internacional e organismos assemelhados. Entretanto, quando a *crise estrutural do capital* trouxe novo colapso à econômica global, o projeto de governo do PT começou a sua *via crucis*. Como se sabe, essa nova fase crítica atingiu inicialmente os países capitalistas do Norte (2008-2009) e chegou mais tarde ao Brasil (2014)[10].

---

[8]   Karl Marx, *O 18 de Brumário de Luís Bonaparte*, cit.

[9]   Somente em um curto período, Dilma procurou realizar uma pequena redução dos juros bancários. A oposição foi tão grande que a fez recuar rapidamente.

[10]   Sobre as causas fundamentais da crise estrutural do capital ver István Mészáros, *Para além do capital: rumo a uma teoria da transição* (trad. Paulo Cezar Castanheira e Sérgio Lessa, São Paulo, Boitempo, 2002); François Chesnais, *A mundialização do capital* (trad. Silvana Finzi Foá, São Paulo, Xamã, 1996) e Robert Kurz, *O colapso da modernização* (trad. Karen Elsabe Barbosa, São Paulo, Paz e Terra, 1992).

As rebeliões de junho de 2013 foram os primeiros sinais de que a situação estava mudando rapidamente. Elas estamparam, em um momento especial do cenário global, marcado por rebeliões em diversos países, causas singulares e particulares da realidade brasileira, como o enorme descontentamento com a corrupção e os gastos públicos necessários para a realização da Copa do Mundo de 2014. Celebrada pelo governo como um "grande ato" da gestão Lula, a população empobrecida revoltou-se com os enormes gastos determinados pela Federação Internacional de Futebol (Fifa), num momento de ausência de recursos públicos, particularmente para a saúde e a educação. As manifestações de rua, vale ressaltar, ocorreram no mesmo momento em que começavam a se intensificar as informações sobre corrupção nos governos do PT, que já haviam sofrido um enorme abalo em 2005 com a chamada "crise do Mensalão"[11], que envolveu a Petrobras (Petróleo Brasileiro S.A.), e quase levou à deposição de Lula ao fim de seu primeiro governo.

Portanto, se os governos do PT (especialmente os de Lula) conseguiram ampliar significativamente o número de postos de trabalho, reduzindo os altos índices de desemprego, eles não conseguiram eliminar as condições de vulnerabilidade reveladas nos crescentes índices de informalidade e nos altos contingentes de terceirização, que acentuavam a precarização da força de trabalho no Brasil. Assim, parcela significativa dos empregos criados encontravam-se nos *call centers* e serviços de telemarketing, no trabalho on-line, no comércio, nos hipermercados, na indústria hoteleira, de *fast-food* etc., ampliando o *novo proletariado de serviços*, o *infoproletariado*, e o enorme contingente de jovens trabalhadores nas demais empresas de serviços[12].

Se nas décadas de 1970 e 1980 era relativamente pequeno o número de terceirizados no Brasil, nas décadas posteriores esse número cresceu significativamente, gerando uma massa de assalariados frequentemente sem vínculo empregatício, padecendo de altos índices de rotatividade, por vezes à margem da legislação trabalhista, redesenhando a *nova morfologia do trabalho no Brasil*[13]. E esse amplo universo da classe trabalhadora teve papel de destaque na explosão social que estava por acontecer.

Esse é o contexto em que se iniciaram as rebeliões de junho de 2013. Tendo como ponto de irradiação São Paulo, a maior cidade do Brasil, uma enorme massa popular foi tomando as praças públicas, realizando manifestações espontâneas, utilizando-se de práticas plebiscitárias que expressavam forte revolta contra as formas de representação, tanto do Parlamento quanto dos governos estaduais e federais e do Judiciário. São essas as circunstâncias que, pouco a pouco, acabam despertando

---

[11] Referência à corrupção sistemática e quase *mensal* praticada na Petrobras para pagar partidos aliados do PT.

[12] Ricardo Antunes e Ruy Braga (orgs.), *Infoproletários: degradação real do trabalho virtual* (São Paulo, Boitempo, 2009).

[13] Ricardo Antunes, *O privilégio da servidão*, cit.; Maria da Graça Druck, *Terceirização: (des)fordizando a fábrica* (São Paulo, Boitempo, 1999).

56 *Capitalismo pandêmico*

também o ódio das classes médias "tradicionais" e dos amplos setores burgueses, que passam a culpar o PT e sua corrupção por todas as mazelas que se avolumam no Brasil. O apoio da grande mídia (redes de televisão, jornais, rádios etc.) foi decisivo para a ampliação policlassista e multifacetada dos levantes. Paulatinamente, as manifestações ganharam novos componentes ideológicos, com a inclusão de bandeiras políticas da direita, contra o PT e as esquerdas "vermelhas". Em seu interior, grupos passaram a defender abertamente a volta da ditadura militar, proposição típica das classes médias conservadoras e de amplos setores burgueses que, desde então, começaram a explicitar descontentamento com a intensificação da crise econômica e, por isso, a dissentir abertamente do governo de Dilma Rousseff.

As consequências políticas foram marcantes, com a rápida politização e ideologização das direitas e, em particular, da extrema direita. E o mais surpreendente é que elas conseguiram se apropriar das bandeiras anti-institucionais, antiparlamentares e mesmo antissistêmicas, passando a atribuir-lhes um significado ultraconservador.

Esse quadro crítico se ampliou com as eleições presidenciais de 2014, quando vários setores e frações das classes dominantes – que até então haviam apoiado os governos do PT – começaram a mudar de lado, exigindo um ajuste fiscal mais duro, além de impor uma agenda mais clara de combate ao "terrorismo", medidas estas aceitas por Dilma.

Foi nessa conjuntura de confrontação aberta e avanço surpreendente da direita que, em 2014, Dilma foi reeleita para o que deveria ser seu segundo mandato. Mas, ainda que as primeiras ações de seu novo governo atendessem às reivindicações das forças burguesas, o movimento de oposição ao seu novo governo continuou crescendo.

Dilma fez o ajuste fiscal mais duro; do mesmo modo, reduziu direitos trabalhistas, como o seguro-desemprego; aumentou os juros bancários, nomeando um representante direto do capital financeiro para implementar o "novo" programa recessivo; anunciou planos de privatização etc., mas os descontentamentos continuavam se ampliando. E ao mesmo tempo que seu governo aceitava essas medidas antipopulares, desmoronava seu apoio na classe trabalhadora, nos sindicatos e nos movimentos sociais que até então haviam dado sustentação aos governos do PT[14].

O golpe final se deu com a deflagração da chamada Operação Lava Jato, que foi uma investigação judicial voltada quase exclusivamente a punir os crimes de corrupção praticados pelo PT, o que aumentou ainda mais a impopularidade do partido e de Dilma. As classes burguesas, incapazes de apresentar um programa regressivo neoliberal com chances vitória eleitoral, acabaram por recorrer à via golpista. Depois de meses de embate político, parlamentar, judicial e midiático, o *impeachment* de Dilma tornou-se uma questão de tempo.

---

[14] Exemplo dessa perda encontramos no ABC paulista, área industrial de origem de Lula e do PT. Nas eleições de 2014, Dilma perdeu as eleições nessas cidades operárias para o candidato da direita, Aécio Neves.

Desmoralizado, envolvido em grandes escândalos de corrupção, o governo do PT assistiu ao aumento das taxas de desemprego, momento no qual os grupos economicamente dominantes desencadearam o *golpe*. O *lócus político* encontrado para lhe dar aparência de "legalidade" foi o Parlamento, que até pouco tempo antes dava um sólido apoio aos governos do PT.

Começava, então, a se consolidar na América Latina uma *nova modalidade de golpe*, que já havia sido praticada em Honduras e no Paraguai, para ficarmos somente nesses exemplos. Por um ardiloso processo de *judicialização da política*, que foi também, simultaneamente, uma forma de *politização da justiça*, o Parlamento sacramentou, em agosto de 2016, o *impeachment* de Dilma e sua substituição pelo golpista Michel Temer, então vice-presidente, indicado por Lula. Encerrava-se o longo ciclo de governos do PT.

Era chegada a hora de os capitais terem um *governo-de-tipo-abertamente-gendarme*, independentemente de quão útil para as classes dominantes tivessem sido os governos do PT. Encerrava-se definitivamente a *era gloriosa da conciliação*, que deu lugar a uma nova forma de dominação, a *fase funesta da contrarrevolução*. A contextualidade política brasileira conferia, então, plausibilidade à formulação de Agamben[15], na qual a *exceção* passa a ser uma característica permanente do "Estado de direito". Assim, o que vimos no Brasil, com o golpe de 2016, pode ser definido como uma nova variante esdrúxula que caracterizamos como "*Estado de direito de exceção*".

O *golpe parlamentar* que levou ao *impeachment* de Dilma Rousseff não apresentou provas judiciais cabais que a comprometessem. Tratou-se, então, de uma deposição política. Foi por esse motivo que Dilma não teve como punição a perda de seus direitos políticos, que seria a consequência *jurídica* natural de sua deposição. Estampava-se uma evidente incongruência jurídica.

Em outras palavras, o mesmo Parlamento que a depôs, reconheceu que ela não cometera nenhum crime político que justificasse sua inelegibilidade posterior. A *farsa* se somava à *tragédia*, em um país que desde sempre esconde suas profundas mazelas e iniquidades sociais sob a aparência de uma interminável *comédia*.

Parece inevitável, portanto, recordar Marx, ao referir-se ao Parlamento da França em meados do século XIX: em face da *humilhação do poder* que sofria, o Parlamento viu desvanecer *o resto de respeito de que ainda gozava* junto à população[16]. O que dizer, então, do Parlamento brasileiro, cuja pragmática política era vista pela população como a mais nefasta de toda a história brasileira republicana?

Desse modo, a eleição do ex-capitão do Exército Jair Bolsonaro, em 2018, foi o enfeixamento trágico do processo iniciado com o golpe de 2016. Uma vez mais, o Brasil dava seu contributo ao *pífio e ao nefasto*.

---

[15] Giorgio Agamben, *Estado de exceção* (trad. Iraci D. Poleti, São Paulo, Boitempo, 2004).

[16] Karl Marx, *O 18 de Brumário de Luís Bonaparte*, cit.

IV – O CURTO *INTERREGNO* DO (INSIGNIFICANTE) TEMER

Temer foi indicado com a missão clara de realizar o mais celeremente possível a devastação do país. Findo o período da política de *conciliação de classes*, implementada pelos governos do PT, abria-se a nova fase da *contrarrevolução preventiva*, aquela que ocorre quando não há nenhum risco de revolução, mas cujo objetivo é reorganizar e recompor as formas da hegemonia e da dominação. Ela deveria seguir um ideário e uma pragmática *ultraneoliberais*, o que a obrigava a:

1) privatizar o que ainda restava das importantes empresas estatais;

2) ampliar os grandes interesses dominantes, sob hegemonia do capital financeiro;

3) aprovar a completa demolição dos direitos do trabalho no Brasil.

Essas medidas, em sintonia com o cenário de *contrarrevolução* de amplitude global, sob hegemonia do capital financeiro, começaram a ser tomadas no período aberto pela *crise estrutural do capital*, nos anos 1970, após as lutas de 1968. Na sequência da crise de 2008-2009, elas se acentuaram sobremaneira. No momento atual, tal *contrarrevolução* avança *ilimitadamente* em sua ação, a mais destrutiva dentre todas aquelas presenciadas pelo capitalismo, pois, como afirmou István Mészáros, o *sistema de metabolismo do capital* só consegue se ampliar no quadro de uma *tendência geral declinante*[17].

Não tem sido diferente no caso brasileiro. Algumas das primeiras medidas tomadas por Temer são elucidativas dessa destruição: inicialmente, procurou eliminar (mas não conseguiu) a regulamentação que proíbe o trabalho escravo no Brasil, medida profundamente antissocial que causou repulsa generalizada. Mas seu governo avançou intensamente na demolição dos direitos do trabalho no Brasil ao aprovar uma *(contra)reforma trabalhista*, cujos fundamentos básicos também têm um perfil global. Não foi por mera coincidência que a reforma trabalhista no Brasil ocorreu quase simultaneamente àquela realizada por Mauricio Macri na Argentina e por Emmanuel Macron na França. No caso brasileiro, instituiu-se o preceito do *negociado sobre o legislado* nas relações de trabalho, fazendo ruir grande parte da legislação social trabalhista conquistada ao longo de muitas lutas e batalhas.

A reforma trabalhista também implementou a *flexibilização ampla* das relações de trabalho e legalizou o mecanismo da terceirização irrestrita, expandindo intensamente o trabalho intermitente. Essas medidas destrutivas tiveram como objetivo central quebrar a espinha dorsal da Consolidação das Leis do Trabalho (CLT), de 1943, atendendo às imposições do empresariado brasileiro – especialmente da Confederação Nacional da Indústria (CNI), da Federação Brasileira de Bancos (Febraban) e outras entidades assemelhadas – e implantando o que denominei a *"sociedade da terceirização total do trabalho no Brasil"*[18].

---

[17] István Mészáros, *Para além do capital*, cit.
[18] Ricardo Antunes, *O privilégio da servidão*, cit.

Por outro lado, nenhuma medida foi tomada para reduzir os juros e os altíssimos lucros bancários; nenhuma tributação do grande capital foi sequer mencionada. O que se viu, sim, foi a implementação de uma pragmática típica do que estamos chamando de *contrarrevolução preventiva*, com seus componentes essenciais: a *reestruturação permanente do capital, o neoliberalismo extremado e a hegemonia financeira*. Eis a *trípode destrutiva* que comanda o capitalismo global do nosso tempo e que foi seguida meticulosamente por Temer.

Passou-se assim o curto, mas desastroso *interregno* de Temer, em meio a uma sucessão interminável de denúncias de corrupção que atingiu diretamente o coração de seu governo e, em particular, ele próprio, descrito pelo Ministério Público como "o chefe da quadrilha". Findo seu governo, novas eleições foram realizadas em outubro de 2018. A extrema direita, por meio de suas expressões protofascistas e neofascistas, saiu finalmente dos porões, das trevas... e das cavernas.

V – As eleições de 2018, a reorganização da extrema direita e a vitória de Bolsonaro[19]

Desde a ditadura militar as eleições não eram tão acirradas no Brasil. Talvez 2018 possa encontrar alguma similitude com as eleições de 1989, quando Collor, uma variante esdrúxula de *semibonapartismo*, mostrou-se como a única alternativa para as classes dominantes conseguirem derrotar Lula, que participava pela primeira vez de uma eleição presidencial.

Quase vinte anos depois, Bolsonaro apareceu como "azarão" e, ante o desmoronamento das demais candidaturas burguesas de centro e direita, acabou por se tornar o único capaz de se opor ao risco que seria a "vitória do PT, da esquerda e dos vermelhos". O "capitão", como é costumeiramente chamado por seus acólitos, é uma espécie de Trump dos grotões. Aparenta ser o mais radical crítico do "sistema", mas é de fato sua expressão real, com toda a sua rusticidade e truculência.

Podemos acrescentar que a candidatura de Bolsonaro encontrou no cenário internacional o seu momento ideal: a ascensão da extrema direita com Donald Trump nos Estados Unidos, o *Brexit* no Reino Unido, o neonazismo na Alemanha, Viktor Orbán na Hungria, Rodrigo Duterte nas Filipinas e outras aberrações. A extrema direita, fortalecida pela vitória eleitoral de Trump, passou a ser a "melhor opção", em muitos países, para garantir os interesses da *trípode destrutiva* que mencionamos anteriormente.

Na América Latina, os exemplos de governos de direita também se avolumavam: Mauricio Macri na Argentina (exemplo maior da devastação neoliberal), Sebastián

---

[19] As ideias apresentadas nas seções seguintes também se utilizam de formulações desenvolvidas em *O privilégio da servidão*, cit., e constam da 2ª edição revista e atualizada do livro (São Paulo, Boitempo, 2020).

60 *Capitalismo pandêmico*

Piñera no Chile e Iván Duque na Colômbia são todos prepostos dos Estados Unidos e de sua política agressiva.

Adentrávamos, conforme indicamos nos capítulos anteriores, um novo ciclo de *contrarrevolução* que recusa qualquer forma de conciliação. Como metáfora talvez se possa dizer que o *capitalismo de plataforma* da era digital, informacional e financeira comporta similitudes com a *protoforma do capitalismo*. Isto porque, como sabemos, a *acumulação primitiva* do capital se baseou na intensa *exploração e espoliação* da classe trabalhadora no início da revolução industrial e particularmente no mundo colonial. Por certo, há também alguma similitude com os níveis de exploração e espoliação intentados pelos governos: a classe trabalhadora da Hungria estava lutando, no início de 2019, contra o que denominava a *Lei da Escravidão*. Parece haver, portanto, algo em comum entre o capitalismo dos séculos XVI e XVIII e o do século XXI.

Foi nesse contexto que o *aparentemente* inesperado ocorreu no Brasil: a centro-direita desvaneceu e a extrema direita proliferou. Criado o vácuo político, a extrema direita viu-se em condições de vociferar a plenos pulmões, exacerbando o ódio aos comunistas, o horror aos pobres e aos negros, a misoginia, o feminicídio, defendendo o extermínio de LGBTs e comunidades indígenas. Adicionaram em toda parte novos traços à sua suástica, sem abandonar os anteriores. Na América Latina, desde 1974, com Augusto Pinochet no Chile, a extrema direita já havia aprendido a rimar *ditadura militar* com *neoliberalismo*.

Percebendo o cenário favorável, a extrema direita brasileira começou a construir uma candidatura "alternativa", "contrária a tudo e a todos", fora do "sistema". Passou a divulgar intensamente pelas mídias sociais suas bandeiras "contra a corrupção", "contra as ideologias" e "contra a política". Sua principal bandeira, capaz de ampliar significativamente sua força eleitoral em um momento de crise profunda, era sintetizada nesta fórmula: *acabar com a corrupção*, atribuída ao PT (e também às esquerdas, por mais críticas que fossem aos governos do PT). E, ao assim agir, acabou por alterar completamente o curso eleitoral e político do Brasil. Faltava um elemento de contingência, algo inusitado, que finalmente acabou acontecendo. Mas, antes de tratar desse ponto, devemos fazer uma breve *excurso*.

Sabemos que a *corrupção* é um traço endêmico do capitalismo, vigente em tantos países do mundo e no Brasil. É uma prática recorrente na sua história, desde a sua colonização e que se ampliou na fase republicana, com a constituição e a consolidação da sociedade capitalista urbana e industrial. A prática da corrupção é, portanto, mais a *regra* do que a *exceção*, consequência das relações incestuosas entre a classe dominante (nativa e estrangeira) e alta cúpula do aparato estatal. Seu aparecimento e expansão encontram solo fértil quando partidos de centro e direita encontram-se no poder.

Não é diferente no Brasil. A corrupção é parte intrínseca do *modus operandi* da burguesia brasileira, que nasceu sob o signo da *acumulação primitiva do capital* e se mostrou, ao longo dos séculos, incapaz de sobreviver sem se apropriar de recursos financeiros da *res publica*. No entanto, a crítica e a denúncia da corrupção são feitas com frequência pelas classes burguesas e seus partidos (que a praticam amplamente) como forma de "esconder" as características centrais do capitalismo, que, no caso brasileiro, se caracteriza pelas altas taxas de lucro e a superexploração do trabalho.

O problema ganhou novos componentes quando o PT, que nasceu fazendo fortes críticas à corrupção, se tornou partícipe ativo desse nefasto projeto. Tal situação acabou por "justificar" o ódio, inicialmente das classes médias conservadoras e posteriormente de amplos setores populares, contra os principais dirigentes do partido, e Lula em primeiro lugar. Eles eram acusados de controlar o "esquema de corrupção" que teria se ampliado expressivamente em seus governos. Tudo isso acabou permitindo que a burguesia e seus partidos de centro e direita encontrassem o elemento que faltava para dar o golpe final nos governos do PT. Assim, a derrota eleitoral do PT em 2018 deveu-se sobretudo a esse "ódio", que se acentuou sobremaneira na situação de crise econômica profunda que o Brasil estava vivendo.

De sua parte, Bolsonaro soube usar de todos os artifícios para valorizar sua candidatura e apresentá-la como antípoda à do PT. Faltando pouquíssimo tempo para a realização da eleição, ele se mostrou o mais "qualificado" para derrotar Lula e o PT. Isso porque naufragou a primeira opção eleitoral da burguesia – a candidatura de centro-direita do Partido da Social Democracia Brasileira (PSDB), preferência da classe dominante desde 1994, quando o partido ganhou as eleições e elegeu Fernando Henrique Cardoso.

Como Lula ainda contava com a preferência popular, mesmo na prisão (após sua condenação pela Operação Lava Jato em abril de 2018), as principais frações do capital, antevendo a derrota, realizaram uma mudança abrupta e se encaminharam, quase às vésperas do pleito, para o "único candidato" que poderia vencer Lula (ou outro candidato por ele indicado). O caminho que se descortinava para a burguesia dar continuidade ao programa iniciado por Temer e seguir avançando na *devastação social* somente seria realizado através do apoio a Bolsonaro. Ou seguia essa opção ou então, diziam, seria a "volta do PT e dos vermelhos".

Mas, dado que se tratava de um candidato completamente *despreparado*, era preciso lhe *impor* uma equipe econômica *ultraneoliberal*, que garantisse a implantação do programa econômico *exigido* pelas frações burguesas dominantes. Recorreu-se então ao nome de Paulo Guedes (expressão fidedigna da Escola de Chicago e professor de uma universidade no Chile sob a ditadura de Pinochet), que apresentou a Bolsonaro um programa econômico ultraortodoxo, privatista e selvagem. Era a condição imposta pelos grandes banqueiros e industriais para terem certeza de que Bolsonaro não recuperaria as teses "estatizantes" que defendera no passado. O fato de ele defender valores *ultraconservadores* e *protofascista*s foi facilmente assimilado pela burguesia brasileira, que jamais teve lampejos democráticos: melhor um governo *autocrata* capaz de implementar uma pragmática *neoliberal* do que o retorno do PT. Mais ainda, o "novo" candidato contava com o apoio de amplos setores das Forças Armadas, o que daria uma "garantia" de estabilidade política para as classes dominantes. A composição da chapa presidencial deveria contar com um nome que tivesse o respaldo direto da cúpula do Exército, o que se resolveu com a escolha do vice-presidente de Bolsonaro. O general Hamilton Mourão, um militar respeitado pela tropa e ultraconservador, foi o escolhido.

A engenharia política estava desenhada: um candidato de profunda inspiração ditatorial e origem militar, com significativo apoio também nas classes populares, o mesmo setor que até pouco tempo antes apoiava o PT e se decepcionara com o governo Dilma. Encontra-se na base do profundo descrédito o forte crescimento do desemprego, a perda de alguns direitos e a falta de perspectiva social presente nessa fase crítica do governo Dilma. Todo esse cenário foi agravado pela percepção, por parte das camadas populares, que o PT, que tanta esperança tinha gerado desde a sua fundação, em 1980, se encontrava no *olho do furacão*, mergulhado em uma crise de corrupção de grandes proporções. As classes burguesas encontravam, finalmente, a possibilidade de vencer, não mais pelo golpe, mas pelo caminho eleitoral, respaldado pelo voto popular.

Para uma melhor compreensão da *forma de ser* da burguesia brasileira, pode-se recordar a *via prussiana* de György Lukács que, juntamente com a *revolução passiva* de Antonio Gramsci, ofereceu pistas seminais para uma melhor intelecção das formações sociais da época, mas tem grande valor analítico para se pensar as burguesias de capitalismo *tardio*, como a italiana, a russa, a japonesa etc.[20]

Lukács concebeu essa bela figura analítica para que houvesse uma melhor compreensão do real significado da burguesia alemã e o caminho que percorreu para a constituição do capitalismo naquele país. Os setores agrários de origem prussiana, em seu trânsito para a industrialização, sempre se mostraram capazes de apoiar as formas autocráticas e ditatórias de poder (basta pensar na era de Bismarck e na aberração nazista).

No caso brasileiro, tratando-se de uma burguesia que teve origem em uma sociedade senhorial, escravista, colonial e dependente, seu traço "*prussiano*"[21] decorre de seu caráter dúplice: *virulenta e autocrática* em relação às classes populares, *servil, subordinada e dependente* em relação às burguesias centrais. Encontra-se aí a *causalidade central do sentido antidemocrático da burguesa brasileira, sempre pronta a apoiar regimes ditatoriais e autocráticos de todo tipo.*

---

[20] György Lukács, *El asalto a la razón: la trayectoria del irracionalismo desde Schelling hasta Hitler* (trad. Wenceslao Roces, Barcelona, Editora Grijalbo, 1967); Idem., *Para uma ontologia do ser social I* (trad. Nélio Schneider, Carlos Nelson Coutinho, Mario Duayer, São Paulo, Boitempo, 2018); Antonio Gramsci, *Maquiavel, a política e o Estado moderno* (trad. Luiz Mario Gazzaneo, 7. ed., Rio de Janeiro, Civilização Brasileira, 1989).

[21] Ver J. Chasin, *O integralismo de Plinio Salgado* (São Paulo, Editora Ciências Humanas, 1978); e Luiz Werneck Vianna, *Liberalismo e sindicato no Brasil* (Rio de Janeiro, Paz e Terra, 1976).

Não é por outro motivo que o capitalismo dependente no Brasil sempre se estruturou a partir da *superexploração do trabalho, de modo a garantir uma parcela do mais-valor extraído para a burguesia nativa e outra polpuda parcela para as burguesias centrais.* Assim, enquanto a burguesia industrial se realizou de modo *autônomo* nos países que seguiram a *via prussiana,* no continente latino-americano ela nasceu *subordinada e dependente das metrópoles.* Desenvolveu-se desde sempre pela intensificação da *exploração do trabalho,* inicialmente o trabalho escravo e posteriormente o assalariado, utilizando-se de mecanismos que intensificam exponencialmente a *extração de mais-valor* tanto *relativo* quanto *absoluto.*

Assim, surgiu no Brasil um tipo particular de capitalismo "prussiano", colonial[22] e dependente, cuja origem agrária acabou por se metamorfosear, nos fins do século XIX e início do século XX, numa burguesia industrial subordinada ao centro monopolista e imperialista (Estados Unidos e Europa). Um capitalismo *integrado economicamente para fora* e *desintegrado socialmente para dentro,* no qual a burguesia garante a sua dominação sempre recorrendo a governos autocráticos ou ditatoriais, vivenciando, em sua história republicana, poucos momentos que se poderiam definir como "efetivamente democráticos". Apoiar Bolsonaro, então, não foi uma decisão difícil para as classes dominantes.

Os discursos e manifestações públicas de Jair Bolsonaro, ao longo de quase trinta anos como parlamentar, sempre tiveram uma conotação muito agressiva em relação às "minorias" (negros, mulheres, LGBTs). Católico, ele se convertera ao neopentecostalismo e, com isso, garantiu apoio expressivo dos evangélicos que, em seus segmentos majoritários, se caracterizam pelo horror à "ideologia de gênero" e pela defesa intransigente dos "valores da família". Faltava, entretanto, um elemento de contingência, um episódio conjuntural que pudesse transformar o ex-capitão no principal candidato de todas as direitas e de parcelas expressivas do centro. Isso aconteceu quando Bolsonaro sofreu o atentado que quase o levou à morte, poucas semanas antes do primeiro turno.

Utilizando-se do enorme apoio dos evangélicos (com milhares de estações de rádio espalhadas pelo país, canais de televisão e imensa base de fiéis), e impulsionado por máfias internacionais bastante conhecidas desde a eleição de Trump por sua monumental capacidade de criar *fake news,* ele ganhou muita força nas redes sociais e se afirmou como o candidato "messiânico", o verdadeiro "salvador da pátria". Uma campanha forte de vitimização aumentou ainda mais essa força e por fim ele se converteu cabalmente no único capaz de impedir a vitória do PT.

Ainda por conta do atentado que sofreu, Bolsonaro pôde "justificar" sua ausência em praticamente todos os debates eleitorais públicos da campanha, e sua *mudez* se tornou outro trunfo decisivo para a vitória. Quanto menos falasse, menor seria a chance de transparecer sua ignorância sobre todos os temas vitais do país. E como se isso não

---

[22] Idem.

64 *Capitalismo pandêmico*

bastasse, ainda por conta desse fato contingencial, Bolsonaro se tornou o candidato que mais apareceu na grande mídia, a qual a todo momento dava novas notícias de seu estado de saúde, sempre exaltando sua "força e resiliência". Estava concluído, então, o cenário que possibilitou a vitória eleitoral da extrema direita protofascista no Brasil.

VI – OS PRIMEIROS MESES DO GOVERNO BOLSONARO

Como pude indicar em "The Long Brazilian Crisis: A Forum"[23], em que apresentei pela primeira fez minha análise sobre a crise brasileira, Bolsonaro tem certas similitudes com Orbán (Hungria), Duterte (Filipinas) e outros, mas inspira-se especialmente em Trump. Sua eleição foi, portanto, fortemente influenciada pela vitória da extrema direita dos Estados Unidos.

Entretanto, se há uma característica que tipifica Bolsonaro, ela é encontrada nos seus elementos de desequilíbrio e descontrole. Se isso já não bastasse para configurar um quadro complexo e difícil, para um país com as dimensões e contradições do Brasil, some-se ainda o fato de que o "Mito", como é chamado pelos seus seguidores, tem o seu ideário caracterizado pelo conservadorismo de extrema direita e pela sua reconhecida desqualificação.

Sua vitória eleitoral, absolutamente surpreendente, acrescida do fato de que sua atuação sempre se deu à margem dos partidos, obrigou-o a montar seu governo tendo como base a miríade de pequenos partidos que o apoiaram. Bolsonaro elegeu-se filiado ao Partido Social Liberal (PSL), até então um agrupamento político irrelevante, e anteriormente, em suas várias eleições para deputado, utilizou-se de diferentes partidos, seguindo as conveniências e as contingências políticas necessárias.

Assim, a composição de seu ministério é uma das mais esdrúxulas de toda a história republicana brasileira (iniciada em 1889). Há, desde logo, uma clara maioria de ministros oriundos do Exército, dos quais vários da reserva. Tudo indica que essa foi uma "exigência" de ampla parcela dos generais, pois ninguém conhece tão bem quanto os militares o "descontrole" de Bolsonaro, que em sua juventude foi expulso do Exército por sublevação.

Dentre os civis, Bolsonaro recorreu ao ex-juiz Sergio Moro, que contava com alto prestígio na época, visto que fora responsável pela condenação de Lula – essa indicação, aliás, permitiu que se evidenciasse a ausência de neutralidade da práxis judicial de Moro. Como uma espécie de "superministro" da Economia, área na qual sempre se declarou como completamente neófito, Bolsonaro escolheu o economista Paulo Guedes. Vários outros ministros saíram dos partidos que o apoiaram, especialmente do PSL.

Como dissemos anteriormente, o PSL era um agrupamento desprovido de qualquer experiência política e que, desde o início do governo Bolsonaro, sofreu

---

[23] "The Long Brazilian Crisis: A Forum", cit.

graves acusações de corrupção, sobretudo durante o processo eleitoral. O partido forjou várias "candidaturas laranjas" com o único objetivo de receber mais recursos públicos e assim fortalecer financeiramente algumas de suas principais lideranças.

É importante lembrar que, depois da crise aberta pela Operação Lava Jato, uma alteração na legislação eleitoral brasileira proibiu que partidos e candidatos recebam recursos oriundos de empresas, devendo contar prioritariamente com o apoio financeiro público para as suas campanhas. A unidade ideológica do PSL encontra-se no ultraconservadorismo dos costumes, no fortalecimento dos "valores da família" e na clara diferenciação sociossexual de homens (que devem estar no comando da estrutura familiar) e mulheres (que estão destinadas às atividades "domésticas"), concepções que dão fundamento ao neopentecostalismo religioso que comanda o ideário do partido.

O restante do ministério do atual governo é de tipo "medieval", para dizer o mínimo. Vem também das cavernas. Se buscarmos declarações recentes e pretéritas de vários dos atuais ministros, encontraremos frequente repulsa ao movimento LGBT, destrato às comunidades indígenas, restrição aos negros, ódio às esquerdas. Todos, até figuras de centro e proprietários de grandes mídias são considerados "comunistas". E como se tudo isso já não fosse o suficiente, existe uma clara oposição a qualquer ação que vise preservar a natureza. A composição desse mosaico caótico, cujo ponto em comum é a ideologia ultrarregressiva, contempla figuras do *agrobusiness* escolhidas a dedo.

Para a política externa, o ministro escolhido é seguidor fiel do trumpismo. E vai além. Veja-se o exemplo seguinte: o ministro das Relações Exteriores defendeu, em seus escritos e pronunciamentos, que a globalização é resultado da ação do "marxismo cultural", a quem cabe a hegemonia e o comando do processo de mundialização. Outros alinhamentos são claros: apoio integral à ultradireita em Israel; reservas ao governo da China; distância dos governos neoliberais da Europa (que defendem e comandam a globalização); e, na América Latina, demolição sistemática da longa tradição de independência da política externa brasileira e alto comprometimento especialmente com a extrema direita.

Tanto na política externa quanto na interna, Bolsonaro combate, desde a sua atuação como parlamentar, as ações de preservação ambiental e defesa da natureza. Incontáveis vezes, dados os seus compromissos com o *agrobusiness*, ele e seus ministros ironizaram o movimento ambientalista e trataram com desdém a luta e a ação pela preservação da natureza. Além disso, defendem maior "flexibilidade e liberdade" para as grandes corporações desenvolverem a produção de *commodities*, como é o caso das mineradoras e dos grandes proprietários rurais. A questão vital do combate aos agrotóxicos, assim como dos transgênicos, é vista como ação de "esquerdistas".

O enorme crime ambiental de Brumadinho, no estado de Minas Gerais, em janeiro de 2019, quando se rompeu uma barreira da Vale (uma das maiores corporações globais de extração de minério), estampou a aberração que estava presente na política antiambientalista do governo recém-empossado. A grande comoção que atingiu o Brasil forçou Bolsonaro a fazer, *ao menos no plano discursivo*, uma "correção de rota", vendo-se obrigado a "defender a importância" de pautas ambientais que foram sistematicamente combatidas por ele durante a campanha eleitoral e nos primeiros dias no poder (para não mencionar sua atuação durante as três décadas como parlamentar).

Esse trágico evento, é imperioso enfatizar, não pode ser considerado um "acidente", pois o risco de rompimentos vinha sendo denunciado havia muito tempo e as denúncias se intensificaram depois da tragédia em Mariana, em novembro de 2015, no mesmo estado de Minas Gerais, quando outra barreira se rompeu e causou uma devastação ambiental irreversível.

A tragédia em Brumadinho, no entanto, foi ainda maior. Levou à morte de mais de trezentas pessoas, entre trabalhadores da Vale, terceirizados e moradores das áreas próximas. Causou uma destruição ambiental que jamais será revertida. Além disso, assim como em Mariana, as sirenes da empresa, que deveriam ser acionadas em situações de perigo, uma vez mais não funcionaram, mostrando o desprezo e a displicência do capital corporativo em relação aos seus trabalhadores e à população local. Do mesmo modo como ocorreu anteriormente na tragédia de Mariana, que abalou profundamente o segundo governo Dilma, essa nova tragédia foi um duro golpe para o governo Bolsonaro e sua política antiambientalista.

Em síntese: os primeiros dois meses do governo Bolsonaro foram marcados por uma sucessão de crises, tanto nas ações presidenciais quanto nas dos ministros. As tensões e as crises afloram quase todos os dias, em todos os sentidos e nas mais distintas direções. Já havia sido emblemática a aparição de Bolsonaro em Davos, nos primeiros dias de governo. Programado para discursar por mais de quarenta minutos, o "fenômeno" Bolsonaro falou por seis minutos e não disse absolutamente nada de relevante, além das costumeiras obviedades eivadas de rusticidade, sempre enfatizando que é "contra as ideologias", quando todo o seu discurso e prática são pautados pelos valores e pelo ideário da extrema direita. Sua presença foi objeto de ironia da parte das personificações do capital lá presentes que, em alguma medida, são responsáveis pelo desequilíbrio ambiental e pela devastação social global, mas ostentam uma aparência de "civilidade". Pois bem, até eles se assustaram com a desqualificação de Bolsonaro.

Como não poderia ser diferente, as desavenças e dissensões no interior do seu ministério já começaram a se aguçar e têm provocado crises políticas sucessivas e demissões de ministros, assim como de membros do alto escalão do governo. Mais ainda, a grande imprensa vem apresentando, desde a posse, vários exemplos de corrupção profunda no próprio núcleo familiar de Bolsonaro, envolvendo diretamente um de seus filhos. Tudo isso ainda está em curso e são imprevisíveis os desdobramentos.

Um elemento, no entanto, parece mais instigante: ampliam-se as dissensões entre dois grandes grupos do governo. De um lado, os "olavistas", influenciados ideologicamente pelo astrólogo de extrema direita Olavo de Carvalho e respaldados pelos filhos de Bolsonaro em suas atitudes extremadas. Vários ministros vestem essa indumentária, cujo principal objetivo é travar uma guerra ideológica sem fim contra tudo aquilo que consideram de esquerda (entenda-se, os não bolsonaristas). De outro lado, há o núcleo militar, que controla vários ministérios (e outros postos de comando importantes) e começa a se dar conta de que um fracasso do governo Bolsonaro trará consequências diretas para as Forças Armadas e, em particular, para o Exército.

É por isso que, a cada erro catastrófico de Bolsonaro, o vice-presidente, general Mourão, corre para tentar remendá-lo, quando não corrigi-lo. Isso ocorreu, por exemplo, quando ele defendeu a transferência da embaixada brasileira de Tel Aviv para Jerusalém, o que causou enorme descontentamento no mundo árabe. Ou quando aventou a possibilidade de fazer uma intervenção militar na Venezuela, o que os militares negaram. Ou ainda quando ele e o ministro das Relações Exteriores disseram que o nazismo *foi um movimento comunista*.

Cotidianamente, essa tensão se avoluma, em particular pelas mãos dos filhos de Bolsonaro (sobretudo do segundo, Carlos Bolsonaro, conhecido como pitbull), que vêm inclusive atacando sistematicamente o vice-presidente e tratando-o como um *traidor* dentro do governo, cuja função não seria outra senão a de impedir Bolsonaro de governar "a seu modo".

Essa processualidade caótica e profundamente instável – que se converteu em *modus operandi* do governo – vem acarretando uma perda de apoio crescente na base social e política de Bolsonaro. Há entretanto um outro ponto importante, uma vez que o "apoio incondicional" dado pelas classes dominantes ao governo Bolsonaro depende fundamentalmente da *recuperação da economia brasileira*, depois que passou por uma profunda recessão que nem sequer foi efetivamente superada. E se a *economia* não apresentar o que dela esperam os interesses das classes burguesas, a *política* certamente sofrerá consequências também profundas.

A proposta de uma "nova previdência" é emblemática dessa complexa situação. É disso que trataremos a seguir.

VII – As afinidades eletivas entre Temer e Bolsonaro

O Brasil é um país muito macunaímico, para recordar o excelente romance modernista de Mario de Andrade, com o título *Macunaíma, o herói sem nenhum caráter*. Com algumas similitudes com "a questão meridional", tão ricamente tematizada por Gramsci, as tragédias, as farsas e as comédias no Brasil frequentemente se mesclam e se confundem, convertendo-se em mecanismos vitais de obliteração de suas mazelas sociais. E assim *la nave va...*

Há muito que se diz no Brasil que se tal medida não for tomada, "se tal coisa não for feita", o país soçobrará, fracassará. Para não voltarmos muito no tempo e

68 Capitalismo pandêmico

na história, Fernando Collor de Mello dizia em 1989 que, com sua eleição, tudo iria mudar e o Brasil acabaria com os "marajás"[24], proposição para ludibriar a população trabalhadora, visto que a sua vitória eleitoral foi uma impostura para ampliar o vilipêndio sobre ela.

Deposto Collor, Fernando Henrique Cardoso foi eleito em 1994 para implementar o neoliberalismo com charme e a "racionalidade" que faltava a Collor. Privatizou a estatal Vale do Rio Doce (que se converteu na Vale, corporação global que criou cemitérios a céu aberto com seus crimes ambientais) e saiu pela porta dos fundos ao fim do seu segundo mandato, tamanha era a sua impopularidade.

Lula, eleito em 2002 em sua quarta tentativa, apregoou o sonho da conciliação total e imaginou-se um *benefactor* pairando incólume sobre o solo social totalmente fraturado do Brasil. Saiu ao fim do seu segundo governo com a popularidade nas nuvens. Dilma, enfrentando a ampliação da crise econômica a partir de 2014 e a avalanche de denúncias de corrupção contra os governos do PT, viu desmoronar a sua base política e sofreu *impeachment* por um "crime" que foi praticado por quase todos os seus antecessores recentes. Veio então Michel Temer para praticar a devastação social. Talhado pela vida parlamentar, capaz como poucos de operar nas sombras e no pântano, foi partícipe direto do *golpe* que depôs Dilma Rousseff. Reorganizando a base conservadora no Congresso, conseguiu, em pouco mais de dois anos, iniciar a implosão da previdência, da educação e da saúde pública no Brasil, além de ampliar significativamente a política de privatizações das empresas estatais. Mais ainda: ele fez avançar a terceirização total, o vilipêndio que arrebentou com o que restava do trabalho como *valor*, reduzindo-o a simples *labor*. Aprovou a contrarreforma trabalhista, afetando indelevelmente a espinha dorsal do sistema de proteção do trabalho no Brasil, resultado de uma luta secular do operariado. Dentre tantos pontos nefastos, a "reforma trabalhista" do governo Temer legalizou o *trabalho intermitente*. E, nos estertores de seu governo, estendeu a terceirização ao setor público. Desse modo, flexibilização, terceirização, desregulamentação e intermitência tornaram-se o novo elixir da vida empresarial "moderna" no país tropical.

Estava desenhado o novo quadro social. Tudo isso, diziam, era para criar muitos empregos e fazer o país voltar a crescer. Todos os representantes da ordem e suas mídias repetiam, como papagaios, que, aprovada a reforma trabalhista, o emprego voltaria a crescer. Hoje, o que temos é o exato inverso: enormes contingentes de trabalhadoras e trabalhadores desempregados e um imenso contingente na informalidade, todos rodopiando em um "mercado de trabalho" de *tipo indiano*, no qual, repetimos, a *intermitência* é o novo vilipêndio.

Mas o que significou esse trabalho intermitente, aprovado e legalizado pela contrarreforma de Temer? Que muitos e muitas ficam em disponibilidade total

---

[24] Termo utilizado por Fernando Collor de Mello em referência aos trabalhadores e trabalhadoras do serviço público brasileiro que, segundo ele, receberiam altos salários.

para o trabalho (e assim "desaparecem" das estatísticas do desemprego), mas não encontram o que fazer, a não ser esporadicamente. E se não têm empregos estáveis, não podem contribuir para a previdência. E se não contribuem para a previdência, não podem se aposentar. Uma vez mais, o círculo perverso da tragédia com *aparência* de comédia. Mas Temer não conseguiu finalizar a devastação. Foi um *intermitente* "bem-sucedido", mas inconcluso. Deixou a conclusão para seu sucessor, o *imprevidente* Bolsonaro.

A reforma que Bolsonaro pretende impor aos trabalhadores brasileiros tem Paulo Guedes como elaborador. A larga experiência do ministro foi adquirida sob o regime de imprevidência do Chile ditatorial de Pinochet.

Num solo social onde milhões de trabalhadores e trabalhadoras se encontram cada vez mais à margem da regulação e dos direitos, vivenciando trabalhos cada vez mais escassos e rarefeitos, não é difícil perceber o futuro repleto de dificuldades reservado aos jovens que, aliás, participam da faixa com maior índice de desemprego no Brasil atual.

Como sabemos, se a proposta da "nova previdência" for aprovada, como está indicado, será preciso trabalhar quarenta anos para se aposentar integralmente, com idade mínima de 65 para os homens e 62 para as mulheres. Teremos, numa só tacada, a desconsideração da dupla jornada de trabalho das mulheres e a penalização ainda maior dos trabalhadores e das trabalhadoras rurais. E ainda serão excluídos da previdência praticamente todos aqueles que hoje vivem a condição nefasta do trabalho intermitente. Não lhes restará opção senão a *capitalização*, isto é, aplicar recursos (que não lhe permitem sequer sobreviver com um mínimo de dignidade) na *previdência privada*. Seria cômico, se não fosse trágico.

Aqui é importante recordar o modelo que inspira a reforma de Bolsonaro/Guedes: trata-se do que no Chile se denomina AFP (Administradoras dos Fundos de Pensão). Somente os trabalhadores e as trabalhadoras contribuem; Estado e empresariado não contribuem com nada. Trata-se de uma espécie de poupança que cada trabalhador terá de fazer, se quiser *tentar viver* em sua distante aposentadoria.

O resultado no Chile foi catastrófico: a assistência capitalizada (pois não é previdência) se resume, em média, a 1/3 do salário recebido antes da aposentadoria. A grande maioria dos aposentados recebe menos do que o salário mínimo vigente no Chile, e as mulheres são ainda mais penalizadas. Não foi por outro motivo que a população do país andino repudiou o sistema de capitalização da ditadura de Pinochet, tão admirado no Brasil pelo *governo-de-tipo-lúmpen* que aqui gorjeia.

Assim, a perversidade é de grande monta e significado. E as indagações continuam sem resposta por parte dos proponentes da "nova previdência": se o labor se resume a trabalhar poucas horas por semana, com salários irrisórios e inconstantes, como ocorre no Brasil atual, como os pobres pagarão a previdência, se nem sequer têm recursos para sobreviver? Como serão contabilizadas as horas de trabalho intermitente para que desfrutem da aposentadoria integral? Se a "capitalização"

70 *Capitalismo pandêmico*

para esses segmentos sociais é um embuste, haverá outra saída que não seja a pura exclusão da previdência pública? A reforma traz a resposta em sua proposta: restará aos mais pobres uma esmola de R$ 400,00 ao completarem sessenta anos e um salário mínimo depois dos setenta. É difícil imaginar uma insensibilidade maior perante os trabalhadores em geral e as mulheres em particular.

A proposta que diz querer "acabar com os privilégios", uma vez despida de seu invólucro místico, revela seu significado real: os mais ricos terão previdência privada e "capitalizada" (para regozijo catártico dos bancos, que ganharão fortunas além do que já recebem no Brasil) e os assalariados pobres serão excluídos da previdência pública, restando-lhes tão somente um assistencialismo acintoso quando forem sexagenários.

Enfeixa-se a tragicomédia. E, como a devastação é ilimitada, só faltará aprovar a carteira de trabalho "verde e amarela" (ou será cinzenta?), proposta de Bolsonaro durante a campanha eleitoral pela qual "o contrato individual prevalecerá sobre a CLT" para os jovens. Eis, então, a que se resume a proposta de um governo de intermitentes e imprevidentes.

Não é difícil imaginar que, ao mesmo tempo que o empresariado joga todas as suas fichas nessa "reforma da previdência", também haverá a oposição a ela, o que não nos permite antecipar o cenário que teremos pela frente. A única certeza sobre o futuro do governo Bolsonaro é a sua *imprevisibilidade*. Não há dúvida de que ele é *regressivo*, de *ultradireita* e *ultraconservador*. Até onde suas propostas serão ou não implementadas, isso dependerá da capacidade de resistência dos movimentos operários, sociais, feministas, negros, indígenas, ambientalistas, da juventude, dos sindicatos de classe, dos partidos de esquerda anticapitalistas, das forças que efetivamente podem, com sua potência, obstar as ações do poder. E não é completamente fora de propósito, no momento, aventar a *possibilidade* de que esse (des)governo possa ter vigência curta. O aumento crescente de militares no ministério é uma precaução das Forças Armadas e do Exército diante desse risco real. E é bom recordar que, em poucas décadas, o Brasil vivenciou dois processos de *impeachment*, o de Fernando Collor (1992) e o de Dilma Rousseff (2016).

Mais recentemente, o governo Bolsonaro intensificou a sua política de ataques às universidades públicas federais, que têm grande importância para a pesquisa, a ciência e a reflexão crítica no Brasil. Em poucos meses, houve troca de comando no Ministério da Educação e a política de destruição das universidades públicas gerou a *primeira grande manifestação de massa contra o governo* no dia *15 de maio* de 2019 (o 15M).

Em centenas de cidades do Brasil, passeatas e manifestações com milhares de participantes mostraram que a *oposição social e política* ao governo começou a se organizar. Indicaram também que as bases eleitorais de Bolsonaro começam a diminuir. À exceção dos bolsonaristas ideológicos, claramente sintonizados com a extrema direita, muitos eleitores que votaram em Bolsonaro – não por convicção fascista, mas por serem "completamente contra os governos do PT" – estão descontentes com a sucessão interminável de ações e crises no governo, o que demonstra a cada dia sua enorme incapacidade para o exercício da Presidência da República.

Mas é preciso indicar também que o ex-militar eleito ainda tem base social na extrema direita, e esta foi responsável por organizar, em 26 de maio, uma manifestação a favor do governo. Bem menor do que as manifestações de 15 de maio, a manifestação a favor de Bolsonaro mostrou que ele encontra apoio principalmente nas classes médias mais tradicionais, mais conservadoras, além de grande parte dos evangélicos e cristãos tradicionalistas.

A profunda recessão econômica e os altíssimos níveis de desemprego, por sua vez, começam a gerar descontentamento em frações e setores das classes burguesas que percebem a completa incapacidade política do presidente para negociar com o Parlamento e assim aprovar as medidas exigidas pelos capitais. Além da reforma da previdência, da qual tratamos anteriormente, a reforma tributária e a privatização completa das empresas estatais são consideradas vitais para a retomada do crescimento econômico e o advento de um novo ciclo de expansão capitalista no Brasil. Sem conseguir apoio do Parlamento, Bolsonaro começa a desagradar parte importante de grupamentos sociais que foram vitais para sua eleição. Como 2019 já é considerado um "ano economicamente perdido" para o empresariado, aumenta ainda mais o ceticismo em relação ao que poderá acontecer no país.

Dentro desse quadro de crescente descontentamento, no dia 30 de maio houve uma nova manifestação da juventude e de amplos setores da população, em defesa da educação e da universidade pública, aumentando ainda mais o clima de confrontação social que polariza o imprevisível contexto político brasileiro. Poucos dias antes da greve geral de 14 de junho, uma nova crise atingiu duramente o governo. O site *The Intercept Brasil* tornou pública uma série de conversas altamente comprometedoras entre o ex-juiz e à época ministro da Justiça, Sergio Moro, e o procurador da República Deltan Dallagnol. São diálogos gravados ao longo de anos que tornam evidente a absoluta ausência de neutralidade no julgamento de Lula dentro do quadro da Operação Lava Jato. As conversas mostram ações em que o juiz e o procurador agem de maneira *profundamente articulada, coesa* e *premeditada* com um único objetivo: condenar o ex-presidente da República. Como Sergio Moro é um dos ministros mais fortes, aumentou ainda mais a crise política dentro do governo.

A greve geral contra a reforma da previdência e a política deliberada de destruição da educação pública, em particular das universidades federais, ocorreu nesse contexto de crise política, econômica, social e ética. Teve o apoio de todas as centrais sindicais e milhares de sindicatos; dos partidos de esquerda; de um enorme contingente de movimentos sociais, como o Movimento dos Trabalhadores Rurais Sem Terra (MST), Movimento dos Trabalhadores Sem Teto (MTST); dos movimentos estudantil, feminista, negros e negras contra o racismo; dos movimentos LGBT contra a homofobia e pela liberdade sexual; das comunidades indígenas em favor da preservação das reservas (que o governo ameaça extinguir); e dos ambientalistas, que têm sido críticos de primeira hora da destruição da natureza. Ela é resultado, portanto, da ação de um leque expressivo do que se pode definir como *oposição social, sindical e política* no Brasil pós-eleição de Bolsonaro.

Em se tratando de uma primeira greve nacional, pode-se dizer que o resultado foi muito positivo. Houve paralisações gerais ou parciais deflagradas pelos trabalhadores do transporte, da educação, bancários, petroleiros, metalúrgicos e outros operários industriais, trabalhadores de serviços, e ampla adesão do funcionalismo público. Segundo a Central Única dos Trabalhadores (CUT), houve a participação de 45 milhões de trabalhadores e trabalhadoras, em mais de 375 cidades do Brasil[25].

Deve-se lembrar que, além de ameaças de demissão dos grevistas, houve repressão policial em algumas cidades e ameaça de punição por parte do judiciário trabalhista, que estipulou multas altíssimas aos sindicatos. Durante todo o dia 14 de junho ocorreram ainda manifestações nas ruas, praças públicas, avenidas e estradas, muitas vezes travando a circulação de carros e ônibus, com palavras de ordem contra o governo.

Com uma classe trabalhadora de mais de 100 milhões de pessoas, essa *primeira greve de amplitude nacional* contra o governo de Bolsonaro configura um *ponto de mutação* no atual cenário brasileiro. Os desdobramentos dessa nova fase ainda são imprevisíveis, mas sinalizam o início de uma nova fase de confrontações. Serão as *forças sociais e políticas de esquerda* capazes de criar *novas formas de ação e representação?* É desse ponto que trataremos no item seguinte.

VIII – Epílogo: qual é o futuro das esquerdas no Brasil?

As esquerdas foram fragorosamente derrotadas no Brasil, não somente nas eleições de outubro de 2018, mas em seu principal experimento durante os governos do PT. Estão obrigadas, portanto, a se reinventar. Em seus núcleos dominantes, elas não foram capazes de compreender os sentidos e significados das rebeliões de junho de 2013, com seu forte componente anti-institucional e antissistêmico[26]. Nos momentos de crise, falhou, uma vez mais, em buscar uma *alternativa cujo horizonte apontasse para além do capital.*

Estão, portanto, desafiadas a compreender em profundidade este último período da história brasileira. Um primeiro movimento exigirá estruturar um conjunto de forças populares, capazes de resistir e confrontar a ação autocrática, ditatorial ou protofascista, todas presentes, como possibilidades, no governo Bolsonaro. Não

---

[25] CUT, "Greve geral contra a reforma da Previdência para o Brasil". Disponível em: <https://www.cut.org.br/noticias/greve-geral-contra-a-reforma-da-previdencia-para-o-brasil-d107>. Acesso em: 14 jun. 2019.

[26] Ver os vários artigos em Plínio de Arruda Sampaio Jr. (org.), *Jornadas de junho: a revolta popular em debate* (São Paulo, Instituto Caio Prado, 2014).

poderão jamais repetir a experiência derrotada do PT, que sempre buscou a *conciliação* e jamais se preparou minimamente para a *confrontação*.

Não são poucas, então, as interrogações que precisam ser enfrentadas. Podemos enumerá-las assim: as esquerdas sociais e políticas serão capazes de alterar radicalmente sua rota política, que se mantém prevalentemente no âmbito da institucionalidade e dos calendários eleitorais? Continuarão repetindo as políticas de aliança policlassistas, vistas como "imprescindíveis" para a obtenção de vitórias eleitorais que, ao fim, não trazem nenhuma mudança substantiva? Conseguirão se reinventar e oferecer uma alternativa de *novo tipo*, capaz de *desconstruir a institucionalidade dominante*, hoje completamente separada da vida cotidiana da classe trabalhadora, dos movimentos sociais e das periferias? Serão capazes de articular um projeto alternativo, anticapitalista e assim conceber, com base nas experiências concretas e cotidianas, um *novo modo de vida* em que a *classe trabalhadora, em seu novo desenho multifacetado e em sua nova morfologia*, se constitua como o pilar social e coletivo capaz de estruturar esse novo projeto?

Se, ao longo do século XX, o epicentro das ações das esquerdas priorizou o espaço da *institucionalidade* e da *ação parlamentar*, seguindo o que István Mészáros[27] denominou sugestiva e criticamente a *linha de menor resistência*, o desafio maior neste novo período deverá ser buscado em outro lugar, diferente daquele que tem dominado e exaurido as esquerdas.

Torna-se imperioso, então, *ressoldar* os laços de organicidade entre as múltiplas ferramentas que compõem o mosaico social e político das forças do trabalho e dos movimentos sociais, *sem hierarquizações prévias, mas partindo das ações concretas da classe trabalhadora em sentido ampliado*.

As principais ferramentas sociais e políticas no Brasil encontram-se agrupadas nos sindicatos, nos partidos e nos movimentos sociais. Eles se complementam tanto em sua força quanto em seus limites e dificuldades. Se nos for permitido fazer uma proposição, podemos assim resumi-la:

– os *movimentos sociais* encontram sua força e vitalidade nos vínculos que os enlaçam à *vida cotidiana*, e aqui encontramos um importante ponto de partida. Mas, pela sua especificidade, esses movimentos sociais, tanto no Brasil como em tantos outros países, acabam por encontrar muitas dificuldades para vislumbrar outro projeto societal *para além do capital*;

– os *sindicatos de classe*, por sua vez, com frequência são prisioneiros dos interesses mais imediatos da classe trabalhadora, o que limita e às vezes impede a apreensão da *totalidade social* e, em particular, o avanço no sentido de *pertencimento de classe*, que é cada vez mais vital, dada a enorme fragmentação da vida social e das ilimitadas formas de manipulação do capital no mundo atual;

---

[27] István Mészáros, *Para além do capital*, cit.

74 *Capitalismo pandêmico*

– por fim, os *partidos de esquerda* têm elaborado genericamente seus projetos socialistas e anticapitalistas, mas frequentemente se encontram distanciados do cotidiano da *classe-que-vive-do-trabalho*. Desenham seus projetos teóricos, mas não encontram base social capaz de lhes dar *substância* e *impulsão*.

Se tivermos alguma razão nesta reflexão, torna-se *imperioso articular essas três ferramentas que a classe trabalhadora criou*, desde o cartismo na Inglaterra e a Comuna de Paris, e que se fragilizaram ao longo do século XX e início do XXI. Talvez se possa encontrar, nessa direção, o *ponto de partida* para se recuperar simultaneamente a radicalidade e a organicidade necessárias.

Se assim for, um começo imprescindível será indagar, *lukacsianamente*[28], quais são as *questões vitais de nosso tempo*?

O trabalho *livre e associado*; a questão *ambiental* e o fim da *destruição da natureza*; a eliminação das *opressões de gênero, raça, etnia, geração*; a reinvenção da *propriedade social*, esses são alguns dos pontos centrais para um novo *recomeço*, se quisermos caminhar *social, solidária e coletivamente* em direção a um novo *modo de vida* efetivamente *emancipado*.

---

[28] György Lukács, *Para uma ontologia do ser social II* (trad. Nélio Schneider, São Paulo, Boitempo, 2013).

5

BOLSONARO: OS ANOS QUE JÁ SE FORAM E OS QUE SEGUEM[1]

I

Bolsonaro apresentou-se, durante a campanha eleitoral de outubro de 2018, como um "radical" crítico do "sistema", embora seja sua autêntica criação, onde nasceu e proliferou. O mesmo "sistema", vale dizer, que foi responsável pelo golpe parlamentar em 2016.

Aproveitando-se de uma conjuntura internacional favorável, bem como de contingências internas que muito o beneficiaram no período imediatamente anterior às eleições presidenciais, Bolsonaro elegeu-se e o inesperado acabou por acontecer. A *contrarrevolução preventiva*[2], que estava em curso desde o golpe que levou Temer ao poder, como mostramos no capítulo anterior, acabou por abrir o caminho para o trágico desfecho das eleições em 2018.

Como tentar caracterizar, ao menos preliminarmente, o governo Bolsonaro?

Penso que o ex-capitão é expressão de uma variante de *semibonapartismo*, isto é, trata-se de uma figura política que, não sendo originária diretamente das classes burguesas, representa-as fielmente, mesmo que, para tanto, procure assumir a *aparência* de independência e autonomia, e ainda que, *de fato*, seja um reles *gendarme* da classe dominante.

Os traços pessoais do "líder" são, como muitos têm indicado, claramente neofascistas. Sua ação política oscila entre a preservação de uma raquítica formalidade "democrática" e o sonho inabalável de dar o golpe e implantar a ditadura. Enquanto

---

[1] Este texto foi publicado originalmente com o título "Dois anos de desgoverno: a política da caverna" no site *A Terra é Redonda*, em 20 fev. 2021 (disponível em: <https://aterraeredonda.com.br/dois-anos-de-desgoverno-a-politica-da-caverna/>), e também em Paulo Martins e Ricardo Musse (orgs.), *Primeiros anos do (des)governo* (São Paulo, FFLCH-USP, 2021).

[2] Florestan Fernandes, *A revolução burguesa no Brasil* (São Paulo, Zahar, 1975).

76   *Capitalismo pandêmico*

não pode dar o bote, atua como um *autocrata da ordem*, respaldado na enorme militarização que vem sendo realizada cotidiana e sistematicamente em seu governo.

A fórmula encontrada para estruturá-lo – visto que sua candidatura se mostrou a única capaz de vencer o PT nas eleições em 2018 – foi combinar a *autocracia militarizada* com a implementação de uma política econômica *ultraneoliberal, predatória*, que foi a exigência do grande capital para apoiar efetivamente sua candidatura. O empresariado, sabendo do desequilíbrio que tipifica o candidato, temia algum arroubo nacionalista (de direita), como defendera largamente o ex-capitão em seu passado parlamentar.

Numa síntese direta: Bolsonaro é uma espécie de *Trump dos grotões*.

II

Seus primeiros dois anos de governo foram, como era possível prever, a maior tragédia *econômica, social e política* do país em todo o período republicano. Não há, em nenhum outro momento da história mais do que secular da nossa República, nada que se aproxime à *devastação tão profunda e tão agudamente destrutiva* que estamos presenciando hoje.

O cenário já sinalizava um período muito duro, uma vez que, desde o início da década de 1970, ingressamos em um longo período de *crise estrutural* do *sistema de metabolismo antissocial do capital*[3] que gerou o ideário e a pragmática neoliberais, sob forte hegemonia financeira. Tendência que se aprofundou significativamente a partir do biênio 2008-2009, criando as condições para que se forjasse uma *contrarrevolução burguesa de amplitude global*, especialmente a partir de eleição de Donald Trump nos Estados Unidos.

Foi nesse contexto que a nossa classe dominante, abandonando completamente qualquer resquício de apoio formal à institucionalidade "democrática" (que em verdade nunca esteve em seu horizonte político ou ideológico) assumiu abertamente sua desfaçatez *colonial, escravista e quase prussiana*, o que lhe permitiu pular rapidamente para a banda (ou o bando) do ex-capitão e assim ajudar a forjar um monstrengo *politicamente autocrático, militarizado, ideologicamente primitivo e negacionista*, desde que ancorado *economicamente* na variante mais rudimentar do neoliberalismo, ou seja, aquela que quer reduzir tudo a pó. Não por acaso, uma das tantas inspirações de Paulo Guedes e Jair Bolsonaro está na política econômica do medonho governo de Augusto Pinochet, tão corrosivamente neoliberal quanto indigentemente ditatorial.

O que vivenciamos na primeira metade do governo Bolsonaro pode ser assim resumido: desmonte avassalador da legislação social protetora do trabalho; destruição

---

[3]   István Mészáros, *Para além do capital: rumo a uma teoria da transição* (trad. Paulo Cezar Castanheira e Sérgio Lessa, São Paulo, Boitempo, 2002).

da política de seguridade social, com a aprovação da reforma da Previdência Pública (em verdade, sua destruição) em dia 22 de outubro de 2019, pela qual os assalariados mais pobres foram excluídos de uma efetiva previdência pública, restando-lhes, no máximo, um assistencialismo vergonhoso e acintoso.

No universo sindical, as medidas repressivas do governo foram ampliadas, visando o enfraquecimento dos organismos de classe, e a atuação da Justiça do Trabalho foi ainda mais tolhida, sendo cada vez mais empurrada para os "valores do mercado" e a aceitação das imposições oriundas do "mundo corporativo", da quais a *legalização* do *trabalho intermitente* é o flagelo mais evidente e aberrante.

Vale dizer que essa proposta já estava estampada no programa eleitoral do ex-capitão e de seu fiel escudeiro. A denominada Carteira de Trabalho "Verde e Amarela", como bem sabemos, tem como *leitmotiv* implantar o sonho das burguesias predadoras e fazer "o contrato individual prevalecer sobre a CLT", derrogando de vez o que resta da legislação do trabalho no Brasil.

No plano da destruição da natureza, também não há paralelo em toda a história recente do país. Tivemos uma liberação recorde de agrotóxicos e defensivos agrícolas que adulteram os alimentos, tornando-se ainda mais prejudiciais à saúde pública. As queimadas e a devastação da Amazônia e do Pantanal (dentre tantas outras áreas verdes) agudizaram o traço destrutivo desse governo, para benefício das burguesias vinculadas ao agronegócio, à extração de minérios, madeira etc.

Economicamente, ainda que as medidas devastadoramente neoliberais tenham gerado catarse na classe dominante, a eclosão da pandemia fez soçobrar a *política da caverna*[4]. O culto da ignorância, na pior linhagem *trumpiana*, o desprezo e o combate à ciência, à saúde pública, tudo isso acabou por levar o país ao fundo do poço, tanto no plano sanitário quanto no econômico.

Foi esse quadro catastrófico que forçou o governo a criar uma renda emergencial, sem a qual a economia entraria em uma crise depressiva ainda mais profunda, sem falar no temor de que tal situação pudesse deflagrar uma onda de revoltas e rebeliões sociais.

As reformas tributária e administrativa, as novas privatizações (que inclui a Petrobras, bancos públicos etc.) também estão no tabuleiro negocial do governo. Se essa é a impulsão que vem do neoliberalismo primitivo de Guedes, vale indagar como agirá o Centrão diante dessa realidade. Isso porque, como sabemos, o pântano encontra e agasalha o seu quinhão não só pela barganha parlamentar, mas também pelo saque das empresas públicas. E mais: se a recessão econômica não for estancada e não der sinais de retomada, como agirão as distintas frações do grande capital, temerosas de repetir, em 2021, a retração de ganhos e lucros que imaginavam obter quando apoiaram e elegeram esse governo? Em 2020, elas viram os lucros que pretendiam obter lhes escorrer pelos dedos das mãos, consequência

---

[4]   Ver Ricardo Antunes, *O privilégio da servidão* (2. ed., São Paulo, Boitempo, 2020), p. 298.

não só da pandemia, mas também da trágica condução governamental nessa brutal crise sanitária.

Politicamente, já indicamos que Bolsonaro ora avança em direção à ruptura da institucionalidade jurídico-parlamentar, ora a ela se amolda, pois percebe que o cerco ao seu governo pode levar ao seu fim (arrastando com ele toda a *famiglia*). É só por isso que o ex-capitão caminha entre essas duas pontes. Sonha com a ruptura institucional e com o golpe ditatorial, mas teme ser fagocitado, se a tacada não der certo. Aqui, vale dizer, têm papel decisivo a postura e a ação das Forças Armadas, tema difícil que se mostra cada vez mais grave, merecendo, por isso, ser tratado em profundidade e por especialistas.

Antevendo os riscos políticos que estava correndo, o defensor da "nova política" e do "fim da corrupção", em flagrante evidência de estelionato eleitoral, pulou no colo do Centrão. Deu-lhe tudo o que foi exigido e assim conseguiu arrastar uma instável maioria de deputados – o conhecido *pântano* – de modo a tentar se safar do processo de *impeachment*. Os riscos, vale dizer, aumentam cada vez mais, vistos os resultados desastrosos da política genocida do governo em relação à pandemia, cuja letalidade cresce assustadoramente.

E, uma vez mais, a maioria do Parlamento brasileiro se curvou às moedas reais, aniquilando de vez o *minguado resquício de respeito que talvez ainda pudesse encontrar* junto à população, para recordar a cortante crítica que Marx fez ao Parlamento francês[5].

Por tudo isso, uma vez mais o desfecho desse quadro agudamente crítico parece nos remeter à *anatomia da sociedade civil*, pois a crise tende a se exacerbar na segunda metade do mandato de Bolsonaro. Mas, atenção, pois aqui não se fala só de *economia* e nem só de *política*, mas de algo um pouco mais profundo: a *economia política*.

III

Por tudo isso, o cenário que se descortina para o biênio 2021-2022 é ainda mais imprevisível. Os níveis de desemprego explodiram e não param de crescer, a tal ponto que a informalidade já não consegue absorver os bolsões de desempregado(a)s. Um exemplo disso vimos nos dados do IBGE de maio de 2020, que indicavam a *redução dos níveis de informalidade*, uma vez que também nesse universo o *desemprego estava se ampliando*. Foi assim que, dentre as tantas "conquistas" desse *governo-de-tipo- -lúmpen* (figuração que, creio, não precisa de explicação), mais um novo personagem da tragédia social brasileira foi criado: o *informal-desempregado*, adicionando ainda mais brutalidade ao monumental contingente de desempregado(a)s que ampliam os bolsões de miserabilidade no Brasil. Em 2014, depois de visitar a Índia, escrevi

---

[5] Karl Marx, *O 18 de Brumário de Luís Bonaparte*, cit.

que nosso país caminhava para se tornar uma Índia *latino-americana*. A provocação parece que fazia algum sentido...

Evidencia-se, assim, a *decomposição econômica, social e política* do governo Bolsonaro. Como consequência, nas classes populares, o apoio obtido em 2018 se retrai expressivamente. Processo similar vem ocorrendo também nas classes médias, que lhe deram apoio majoritariamente até pouco tempo atrás e agora parecem retirá-lo, como resultado da política letal de combate à pandemia, que levou a centenas de milhares de mortos e repete, em versão muito pior, como vimos em Manaus, a morte por asfixia de milhares de doentes que não encontram atendimento nos hospitais públicos. Por certo, o núcleo duro do bolsonarismo, ou seja, aqueles que berram como debiloides e trotam em manada, seguirá com o seu "Mito" até o fim, ainda que ele pratique as ações as mais indigentes.

Por tudo que indicamos, a luta pela deposição do governo Bolsonaro não resultará de uma iniciativa parlamentar, mas somente poderá ocorrer como desdobramento de amplas manifestações populares, capazes de empurrar os deputados a abandonar o barco bolsonarista. Nesse cenário, é possível que presenciemos um *movimento dúplice*, que poderá se desenvolver tanto "pelo alto", sob o comando das classes burguesas, quanto "pela base", isto é, no universo das classes populares.

É possível imaginar, por um lado, que a *oposição burguesa* possa vir a desencadear um processo de descolamento do governo autocrático e semibonapartista que ela própria elegeu, o que poderá ocorrer se a crise econômica se intensificar e aprofundar ainda mais o quadro recessivo ao longo desta segunda metade do mandato.

Por outro lado, com o arrefecimento da pandemia, uma vez concluída uma etapa expressiva da vacinação, tudo indica que veremos florescer, nas ruas e praças públicas, um crescente movimento popular de repulsa e confrontação, exigindo o *impeachment* desse (des)governo. Mas é preciso acentuar que esse segundo movimento, de *oposição social e popular*, não deve ter nenhuma ilusão, nem com a *oposição pelo alto* nem muito menos com o Parlamento. Tanto a ação burguesa quanto a parlamentar serão tentadas a empurrar a "resolução" da crise para as eleições de 2022, na esperança de fazer a sucessão ao seu modo, sob seu comando e controle.

Já a *oposição social e popular* terá de se reinventar, evitando especialmente aquele que tem sido (recorrentemente) seu principal erro social e político, que é o de atuar como a *cauda da burguesia*, como dizia Florestan Fernandes. Já é hora de se compreender definitivamente que a *política de conciliação de classes* é, ao mesmo tempo, um grave equívoco político e, mais ainda, uma impossibilidade real, uma vez que as *forças econômicas do capital* e as *forças sociais do trabalho* são *entificações sociais inconciliáveis*. Os governos do PT, ao longo de quase quatro governos, foram a evidência última e maior dessa impossibilidade.

Somente com uma forte *confrontação social e política*, extraparlamentar em sua centralidade e capaz de aglutinar um leque de forças populares das cidades e dos campos, será possível dar impulsão ao *impeachment* de Bolsonaro e sua tropa.

E esse *movimento social e político* encontra ancoragem nas lutas e resistências da classe trabalhadora, com seus sindicatos e partidos de classe, que devem decididamente *abandonar a prioridade da ação institucional*.

Do mesmo modo, ganha densidade no vasto e ampliado conjunto de movimentos sociais das periferias e no movimento negro antirracista. A luta de oposição a Bolsonaro deve decisivamente incorporar as rebeliões feministas e LGBT que lutam contra as múltiplas e persistentes formas de exploração e opressão, dimensões que estão profundamente inter-relacionadas.

Last but not least, encontra suporte nas vitais lutas das comunidades indígenas, no movimento ambientalista anticapitalista, nas revoltas da juventude etc., sem nenhuma ilusão com as forças burguesas, que, quando lhes abrem as portas, é para lhes conferir um papel de subalternidade, e tão logo atingem seus objetivos, celeremente as fecham. Vide a deposição de Dilma.

Somente por essa impulsão social e popular é que a luta pelo *impeachment* do governo Bolsonaro poderá efetivamente avançar. Se as praças públicas se avolumarem, com a presença multitudinária de amplos contingentes sociais e políticos, só então o Parlamento se verá obrigado a pautar aquilo que vem do clamor popular e assim, finalmente, pautar o *impeachment*.

E se esse movimento de deposição, por algum motivo, não se concretizar, ao menos estaremos dando início à criação de uma *oposição social e política* que poderá efetivamente pensar no *que fazer* em relação às eleições de 2022.

6

"THERE IS NO ALTERNATIVE"[1]

I - A CHAGA DA ESCRAVIDÃO

Em nossos *tristes trópicos*, o trabalho foi quase sempre uma forma de vilipêndio. Aqui o "quase sempre" decorre da excepcional experiência vivenciada no período que o Brasil ainda não era o Brasil. Antes de termos sido "descobertos" pelo mundo "civilizado", o trabalho aqui exercido, durante muitos séculos, foi comunal, autônomo e autossustentado, realizado por comunidades indígenas cujo tempo maior de vida era dedicado à fruição e ao gozo.

Os portugueses que aqui chegaram em 1500, nos primórdios da *acumulação primitiva* e do mercantilismo, nos ensinaram muitas "novidades", tais como a necessidade de produzir mercadorias para a venda e o lucro das burguesias forâneas, bem como a pragmática do escambo e suas trocas desiguais. Depois de infrutíferas tentativas de escravidão indígena (que, tristemente, teve vigência duradoura na América Hispânica), nos impuseram o trabalho sob a forma mais longa, abjeta, compulsiva e violenta que conhecemos desde o início da colonização, a escravização das negras e dos negros da África.

Assim nasceu a jovem Colônia que um dia foi concebida como protótipo do "país cordial". Essa longa fase pretérita, entretanto, talhou indelevelmente nossa história do trabalho, que contempla coágulos de *work*, quando miramos nossa época pré-Descobrimento e muitas chagas de *labour*, a partir da colonização.

Depois de séculos de escravidão africana (que tantos lucros deram às burguesias mercantis portuguesa, holandesa e inglesa), uma confluência de *contraditórios movimentos* nos levou, mais do que tardiamente, à abolição do flagelo da escravidão. Por um lado, novos capitais, em novos tempos, perceberam que sua sobrevivência dependia

---

[1] Artigo publicado originalmente com o título "O que restou do trabalhador?", na revista *Serrote*, n. 33, 2019.

82 *Capitalismo pandêmico*

do trabalho assalariado livre – os novos "valores" do mercado assim exigiam. Mas, por outro, o mundo colonial (tanto no Norte, quanto no Caribe e no Sul) vivenciou uma intensa era de rebeliões negras contra a escravidão que nossa história oficial até hoje procura silenciar. Do nosso seminal Quilombo dos Palmares à heroica e pioneira Revolução Social no Haiti, o solo colonial em chamas exigia o fim da escravidão.

Mas o mundo burguês emergente, resultado de uma curiosa simbiose entre *prussianismo* e aristocracia *colonial-escravista* que aqui vicejou, soube se reencontrar. Finda a escravidão, o(a)s trabalhador(a)s negro(a)s foram *excluído(a)s* do novo mundo do trabalho assalariado que se expandia no universo urbano e no *lócus* industrial. Tornaram-se *novos escravos*, e as trabalhadoras negras viraram uma espécie de "reserva de mercado" nas casas dos *novos barões* brancos, ampliando ainda mais as fendas existentes em nossa *divisão sociossexual e racial* do trabalho.

Para o novo mundo urbano-industrial, o *toque de classe senhorial* esteve uma vez mais presente: o imigrante branco, europeu, teria o "passaporte de entrada" preferencial. Italianos, alemães, dentre outros, sempre muito *alvos*, foram escolhidos para o exercício do trabalho livre e assalariado, relegando a força de trabalho negra aos rincões da escravidão doméstica e outras atividades marginais. E assim a *República do liberalismo de exclusão* conseguiu prolongar-se até 1930.

II – O enigma da Consolidação das Leis do Trabalho (CLT)

Foi com o advento do varguismo que tudo pareceu mudar. Um curioso estancieiro dos pampas resolveu, enfim, confrontar a estranha *República do Café com Leite* para "modernizar" o país e tirá-lo do atraso. Liderando um movimento que foi mais do que um *golpe* e menos do que uma *revolução*, Vargas soube reduzir o poder da burguesia cafeeira, sem excluí-la do novo rearranjo tecido entre as diversas frações das classes dominantes rurais, agregando também a burguesia industrial emergente. Redesenhou-se um novo bloco no poder cujo Condotiero impulsionava a construção de um projeto nacional, industrializante e estatal.

Mas, ao contrário da fase republicana anterior, o varguismo tinha a clara consciência de que a montagem desse projeto não poderia prescindir da incorporação da classe trabalhadora, ainda que essa "participação" se efetivasse *fora* dos marcos da *autonomia* e da *independência de classe*.

Mas como contar com o apoio expressivo da classe trabalhadora urbano--industrial, sem descontentar o domínio burguês? É exatamente aqui que entra a legislação social protetora do trabalho. Introduzir e institucionalizar esse novo regramento jurídico do trabalho solucionava três equações em alguma medida contraditórias:

– *primeiro*, garantia uma nova base social de apoio ao varguismo, de modo a lhe dar o respaldo da classe trabalhadora necessário para reorganizar o *equilíbrio instável* entre as distintas frações burguesas que disputavam a hegemonia nesse novo período;

– *segundo*, regulamentava importantes reivindicações oriundas das lutas operárias que se intensificaram a partir da histórica Greve Geral de 1917 e das greves recorrentes no início da década de 1930, ações estas que exigiam a criação de um marco protetivo do trabalho, praticamente inexistente na República Velha, quando a questão social era entendida como "caso de polícia". Coube a Vargas dar-lhe uma formatação dentro da *ordem*;

– *terceiro*, a regulamentação da força de trabalho estabelecia um *patamar mínimo necessário* para a *acumulação de capital* (a determinação do salário mínimo, por exemplo) e para a *consolidação de um mercado interno*, elementos basais para a expansão de um projeto de industrialização capaz de impulsionar e atender aos interesses industriais em ascensão.

E foi assim, de modo ao mesmo tempo conflituoso e necessário, contraditório e imperioso, que as reivindicações operárias foram se convertendo, ao longo da década de 1930, em leis trabalhistas, sancionadas e consolidadas posteriormente, em 1943, em um único documento. Nascia, então, a Consolidação das Leis do Trabalho (CLT), que embutia um *claro enigma*: tinha a aparência de uma *dádiva* e a efetividade de uma *outorga*. A CLT acabou por se constituir, para a classe trabalhadora, ao longo de tantas décadas de vigência, numa espécie de *constituição do trabalho no Brasil*. Talvez não haja, na história republicana brasileira, nenhum documento com tanta força popular e com tanta aceitação no seio do nosso operariado.

Essa engenhosa construção da CLT tinha, no entanto, um nítido caráter bifronte: os *direitos trabalhistas* foram *efetivamente instituídos* em vários pontos importantes, mas, ao mesmo tempo, a embrionária *autonomia sindical* existente (resultante das influências anarcossindicalistas e socialistas presentes nas lutas operárias anteriores) *foi cabalmente coibida* pela obrigatoriedade da *unicidade sindical* (ou seja, só era possível a existência de um único sindicato reconhecido *por lei*); pelo "estatuto padrão" que deveria ser aprovado pelo Ministério do Trabalho; pela proibição de qualquer atividade política ou ideológica nos sindicatos, bem como pelo controle de seus recursos pelo Estado, mediante o imposto sindical obrigatório. E, *last but not least*, as massas assalariadas do campo foram excluídas da CLT por exigência dos setores agrários dominantes. O estancieiro dos pampas teve, uma vez mais, de se curvar ao *prussianismo colonial*.

Consolidava-se, então, o mito varguista do "Pai dos Pobres" e seu *Estado benefactor*. E foi assim que essa legislação social do trabalho, com seus tropeços e solavancos, tornou-se longeva e atravessou as décadas seguintes, até se defrontar com o golpe de 1964.

Durante a ditadura militar, como sabemos, ampliaram-se os elementos de controle sindical estatal – o chamado *sindicalismo de Estado* – e introduziram-se fraturas nos direitos trabalhistas, como a eliminação da *lei de estabilidade* e sua substituição pelo FGTS. O objetivo era aumentar o *turnover* da força de trabalho e, assim, deprimir os níveis salariais, desorganizar o operariado e beneficiar os interesses burgueses. Além disso, coibia-se o direito de greve (que havia sido aprovado, assim como a lei da estabilidade, na Constituição de 1946).

Após muitas lutas, resistências, greves e revoltas, a ditadura militar chegou ao seu fim, *turvando, mas não eliminando* a CLT. E foi na chamada "Nova República", com a promulgação da Constituição de 1988, que foram introduzidos novos elementos (ainda que insuficientes, é preciso acrescentar) ao capítulo referente à democratização sindical. No que concerne aos direitos do trabalho, houve uma significativa ampliação.

Mas um novo turbilhão haveria de se abater sobre o nosso país.

III – A DERRELIÇÃO NEOLIBERAL

No Brasil, esse movimento principiou com Fernando Collor e ganhou consistência com Fernando Henrique Cardoso, este eleito para conferir a "racionalidade" que inexistia naquele. No universo da legislação laboral, Fernando Henrique batalhou quanto pôde para desconstruir a CLT.

Já Lula equilibrou-se com um *compromisso social de conciliação* que beneficiava expressivamente *todos* os grandes capitais, mas reservava uma pequena parcela para a população mais pobre. Com Dilma, entretanto, o mito petista desmoronou e deu-se a hecatombe.

As rebeliões de junho de 2013 mostravam que os descontentamentos sociais haviam atingido em cheio o Brasil. Com a crise econômica agravando-se a partir de 2014, em um contexto em que as denúncias de corrupção se avolumavam, o golpe judicial-parlamentar aprovou um *impeachment* que findou a era PT.

Iniciou-se, então, a *nova contrarrevolução preventiva* no Brasil, com o *terceirizado* Temer escolhido para efetivar a devastação social. Em relação aos direitos do trabalho, os capitais exigiam flexibilização, terceirização e aprovação do trabalho intermitente (vejam-se as 101 propostas de "modernização" trabalhista da Confederação Nacional da Indústria)[2].

A terceirização foi obtida com a aprovação do Projeto de Lei 30/2015, que eliminou a disjuntiva existente entre atividade-meio e atividade-fim. O significado é mais do que evidente: redução de custos (sempre à custa do trabalho), depressão salarial e aumento da fragmentação da classe trabalhadora, de modo a restringir a ação dos sindicatos. Posteriormente, nos estertores de seu governo, Temer ainda estendeu enormemente a terceirização no setor público.

A flexibilização do mercado de trabalho, a prevalência do *negociado sobre o legislado*, o trabalho insalubre ampliado para as trabalhadoras, as restrições à Justiça do

---

[2]   CNI, "101 propostas para modernização trabalhista". Disponível em: <https://www.portaldain dustria.com.br/publicacoes/2013/2/101-propostas-para-modernizacao-trabalhista/>. Acesso em: 24 mar. 2022.

Trabalho, dentre tantos outros pontos nefastos, foram consubstanciados na Reforma Trabalhista (Lei n. 13.467), de 2017. E como se isso não bastasse, essa verdadeira "contrarreforma" introduziu ainda um dos mais nocivos elementos presentes no mundo do trabalho contemporâneo: o trabalho intermitente. A partir de então, trabalhadores e trabalhadoras ficam disponíveis para o trabalho, mas recebem somente se foram chamados: o tempo de espera não é remunerado.

Com a vitória eleitoral de Bolsonaro e a *nada esdrúxula* combinação de *neoliberalismo extremado* com *autocracia tutelada*, os resultados desastrosos em relação ao mundo do trabalho só vêm se aprofundando. A "contrarreforma" trabalhista, que era alardeada como capaz de incrementar o mercado de trabalho, ofereceu uma explosão do número de desempregados, aumentando ainda mais a informalidade da nossa classe trabalhadora.

Foi esse o legado que o *intermitente* Temer deixou para o *imprevidente* Bolsonaro. E, para que a corrosão social fosse completa, além da demolição da previdência pública, o *governo-de-tipo-lúmpen* ainda oferece a indecorosa proposta da *Carteira de Trabalho "Verde e Amarela"*, pela qual "o contrato individual prevalecerá sobre a CLT" para os jovens em busca de trabalho, conforme consta do programa eleitoral do ex-capitão. Se esse trágico cenário se concretizar, o que restará para a classe trabalhadora?

Aqui, como alhures, o *trabalho*, entendido como *valor*, se tornou um *desvalor,* para criar *mais-valor*. Se assim é no *sistema de metabolismo social* do capital, será preciso reinventar um *novo modo de vida*. *There is no alternative*. Esse é o imperativo crucial do nosso tempo.

PARTE III
DO PROLETARIADO INDUSTRIAL AO UBERIZADO

7
LUTA DE CLASSES NAS AMÉRICAS (TÃO PRÓXIMAS E TÃO DIFERENTES)[1]

I – INTRODUÇÃO

O capitalismo contemporâneo trouxe profundas alterações para a composição das classes sociais, especialmente a partir da década de 1970. Com o advento do neoliberalismo e a ampliação da hegemonia do capital financeiro, ocorreu uma monumental reestruturação produtiva do capital, com profundas consequências nas classes sociais. Tudo isso reconfigurou de modo intenso as formas contemporâneas da luta de classes. Assim, compreender, empírica e analiticamente, as formas atuais de vigência da luta entre as classes nas Américas é o objetivo central deste capítulo.

A moderna teoria das classes sociais e da luta entre elas encontra raízes sólidas no pensamento de Karl Marx. De modo muito breve, pode-se dizer que, para o autor, a compreensão desse fenômeno tem seu ponto de partida na crítica da economia política, ou seja, nas *determinações presentes nos modos de produção e reprodução da vida social*, concebidas de modo abrangente e totalizante.

Desde que realizou sua primeira crítica à Hegel, em 1843-1844, Marx compreendeu que a contradição principal da sociedade burguesa é aquela existente entre as classes, e que estas se relacionam de modo contraditório e mesmo antagônico. Constatou inicialmente que o Estado não é a *síntese racional da sociedade civil*, mas expressão dos *interesses das classes dominantes, que detêm os meios de produção e riqueza social*. Foi assim que compreendeu, especialmente a partir da leitura do livro de Engels *A situação da classe trabalhadora na Inglaterra*[2], a existência concreta

---

[1] Este capítulo é uma versão ampliada e modificada do artigo "Class struggle", em Olaf Kaltmeier et al., *Routledge Handbook to the Political Economy and Governance of the Americas* (Nova York, Routledge, 2020).

[2] Friedrich Engels, *A situação da classe trabalhadora na Inglaterra* (trad. B. A. Schumann, São Paulo, Boitempo, 2008).

do proletariado que, por ser despossuído dos meios de produção, era a única classe capaz de lutar pela dissolução da burguesia e também de todas as classes.

Dado que o proletariado é a classe responsável pela criação do valor e da riqueza privadamente apropriada pela burguesia, ele poderia desenvolver uma consciência política e social capaz de apoderar-se das forças produtivas sociais, abolindo a propriedade privada. E foi em *O capital* que Marx apresentou de forma definitiva sua *crítica da economia política*, dando fundamento à sua teoria da luta de classes: dado que o capital só pode ser criado pela exploração do trabalho e pela extração do mais-valor, estabelece-se uma contradição insuperável, dentro do capitalismo, entre burguesia e proletariado. E é exatamente essa contradição que dá fundamento à luta de classes, uma vez que o proletariado constitui a classe que efetivamente cria valor vendendo sua *força de trabalho*, porém este é apropriado de modo privado pelo capital[3].

O proletariado ou a classe trabalhadora (que, para Marx, são essencialmente sinônimos) adquire, então, seu sentido mais profundo: ele deve avançar em sua *consciência de classe*, desenvolver sua *organização sindical e política* para melhor enfrentar os interesses dos capitalistas. Para tanto, diz Marx, a classe trabalhadora deve buscar sua consciência *para si*, uma consciência mais abrangente e totalizante, capaz de compreender as intrincadas conexões que garantem o sistema de dominação capitalista. Ao avançar nessa direção, ela superará sua consciência *em si*, por certo importante, mas ainda muito próxima dos interesses mais imediatos de classe.

Pode-se, então, resumir assim o ponto central da teoria da luta de classes na obra marxiana: se a classe trabalhadora cria a riqueza e gera o valor, ela é a classe capaz política e socialmente de eliminar o capital e a burguesia e, desse modo, buscar a construção de uma sociedade efetivamente emancipada.

Como esse processo de constituição da luta de classes se efetivou nas Américas?

II – As primeiras lutas populares nas Américas

Durante toda a sua história, o mundo colonial americano foi cenário de inúmeras revoltas e rebeliões. Desde o início, houve uma enorme resistência, e milhares e milhares de indígenas foram dizimados pelas tropas das metrópoles e dos colonizadores brancos europeus que expropriavam suas riquezas, sua cultura, seus valores etc. As lutas seculares dos indígenas são conhecidas e se mantêm até os dias atuais, pois grandes empresas transnacionais, oriundas dos Estados Unidos, Europa, Japão etc., continuam sua ação destrutiva de expropriação e despossessão de terras indígenas.

Também foi intensa a luta dos escravos negros por sua emancipação. Podemos recordar a importante revolução dos escravos negros no Haiti, em 1791, a pri-

---

[3] Karl Marx, *O capital*: *crítica da economia política*, Livro I: *O processo de produção do capital* (trad. Rubens Enderle, São Paulo, Boitempo, 2013).

meira das muitas revoltas visando a abolição do trabalho escravo. Ou, no Brasil, o Quilombo dos Palmares, que levou à constituição de uma comunidade negra livre e coletiva que durou mais de cinquenta anos e foi massacrada pelas forças militares das metrópoles em 1695.

A predominância agrária na América Latina gerou ainda um forte campesinato, responsável por inúmeras lutas sociais, como a Revolução Mexicana de 1910[4]. Foi a partir de meados do século XIX que a industrialização começou a se desenvolver, dando origem aos primeiros núcleos de operários assalariados, vinculados às atividades manufatureiras. Nas treze colônias americanas, esses núcleos se situavam no Norte, onde deslanchava o processo de modernização capitalista industrial. Na América Latina, tais atividades se desenvolveram posteriormente e de modo *dependente* dos interesses estrangeiros, não mais das metrópoles, mas especialmente dos Estados Unidos. Enquanto a América do Norte se consolidava como *centro*, a América Latina se constituía como *periferia*.

Com a expansão industrial do século XX, os Estados Unidos consolidaram seu capitalismo de feição monopolista e imperialista e, na América Latina, a indústria era impulsionada pelas burguesias nascentes, associadas de modo subordinado às suas congêneres norte-americanas. Assim, as clivagens entre *centro* e *periferia* já estavam bem desenhadas e definidas: os Estados Unidos nasciam como uma jovem nação burguesa em busca de um papel de destaque na nova redivisão da era monopolista e imperialista, enquanto a América Latina se "integrava" a eles de maneira dependente e subordinada. Um forte movimento migratório, composto por trabalhadores europeus e asiáticos, dirigiu-se ao continente americano (Estados Unidos, Brasil e Argentina, dentre outros) em busca de trabalho nesse mundo industrial em desenvolvimento.

Foi nesse marco histórico e estrutural que se constituiu a classe trabalhadora, organizada principalmente nos núcleos industriais, portos, ferrovias, construção civil, minas etc. Nasciam as primeiras associações operárias e, mais tarde, os sindicatos. Nos Estados Unidos, em 1886, ocorreu uma das lutas operárias mais importantes da América, que mais tarde se tornou símbolo da luta mundial: a luta pela redução da jornada de trabalho, que daria origem ao feriado de Primeiro de Maio, comemorado em todo mundo nessa data, exceto naquele país. Ampliaram-se as influências anarquistas (ou anarcossindicalistas), socialistas, comunistas, e, nos sindicatos, desenvolveram-se o *trade-unionismo* (um sindicalismo autodefinido como "apolítico" e mais economicista), especialmente nos Estados Unidos, e o sindicalismo católico, que se expandiu em vários países da América Latina.

Como exemplos de ruptura que expressam a especificidade da luta de classes na América Latina, podemos lembrar a Revolução Boliviana de 1952, que teve a Central Operária Boliviana (COB) como seu centro de organização mais

---

[4] Ricardo Antunes, *O continente do labor* (São Paulo, Boitempo, 2011).

92 *Capitalismo pandêmico*

importante. Posteriormente, em 1959, a eclosão da Revolução Cubana, liderada por Fidel Castro e Ernesto "Che" Guevara, rompeu com a ditadura e, logo em seguida, com o domínio imperialista dos Estados Unidos. Seu impacto foi impressionante e, de certo modo, influenciou e incentivou a esquerda latino-americana a travar novas lutas revolucionárias. As greves operárias também foram intensas, como a greve geral de 1917 no Brasil e a de 1918 no Uruguai, ou ainda as greves contra a Tropical Oil (1924 e 1927) e a United Fruit Company (1928), na Colômbia, dois exemplos típicos da exploração praticada por empresas norte-americanas[5].

Desse modo, parte importante do mais-valor apropriado pelas corporações transnacionais se dirige para os Estados Unidos, reforçando ainda mais as condições de dependência e subordinação existentes entre *centro* e *periferia*. Em comparação com os níveis de exploração da força de trabalho praticados nos Estados Unidos, há uma *taxa diferencial de exploração*: o capitalismo vigente na América Latina, estruturado sobre a *superexploração do trabalho*, acabou por se caracterizar pelo pagamento de salários mais baixos, já que a remuneração referente ao custo de reprodução da força de trabalho fica sempre abaixo dos valores "normais" praticados nos Estados Unidos. Essa *superexploração do trabalho* se expressa também na crescente intensificação do trabalho, bem como no prolongamento das jornadas, sempre maiores no Sul do que no Norte. Assim, se nos Estados Unidos o capitalismo se desenvolveu pela *exploração do trabalho*, na América Latina ele se particularizou pela *superexploração do trabalho*, mecanismo que intensifica tanto *a extração de mais-valor absoluto* quanto *a extração de mais-valor relativo*[6].

Com a expansão capitalista, especialmente a partir da indústria automobilística norte-americana, generalizou-se o padrão de produção taylorista e fordista pelo continente, o que acabou propiciando a formação de uma classe operária mais concentrada. Tudo isso possibilitou uma nova fase na luta de classes no Canadá, no México, na Argentina, onde em 1969 ocorreu o "Cordobazo", e no Brasil, com as greves operárias do ABC paulista entre 1978 e 1980, dentre tantos outros exemplos.

É preciso enfatizar que, enquanto o capitalismo industrial se desenvolveu de modo *autônomo* nos Estados Unidos, nos países da América Latina ele nasceu *subordinado e dependente*. Gestou-se, aqui, um capitalismo *economicamente integrado para fora* e *socialmente desintegrado para dentro*. As burguesias nacionais, associadas e dependentes das burguesias centrais, em especial da norte-americana, acabaram por não constituir um projeto capitalista nacional e autônomo, mas, ao contrário, expandiu-se e garantiu-se sua dominação local, preservando os vínculos

---

[5] Idem; Pablo González Casanova (org.), *Historia del movimiento obrero en América Latina* (México, Siglo XXI, 1984), 4 v.

[6] Ver Florestan Fernandes, *Capitalismo dependente e classes sociais na América Latina* (São Paulo, Global, 2009); Ruy Mauro Marini, *Ruy Mauro Marini: vida e obra* (Expressão Popular, 2005); Ricardo Antunes, *O continente do labor*, cit.

de dependência e subordinação. Gestou-se, então, um tipo particular de capitalismo dependente em relação ao centro monopolista e imperialista existente nos EUA[7].

Tendo como dominante e mandatária uma burguesia dependente, o capitalismo na América Latina desenvolveu uma complexa dialética entre o *arcaico* e o *moderno*, entre o *novo* e o *velho*. Oscilando entre a modernização e o arcaísmo, fazendo avançar o *atraso* e retroceder o *moderno*, lutando contra o domínio imperial da América do Norte, resistindo e rebelando-se contra as enormes iniquidades econômicas e sociais internas, a emancipação da América Latina está em grande medida vinculada à luta pela emancipação com relação à América do Norte. E como essa interação *aparentemente contraditória* também se reproduz nas relações entre América do Norte e América Latina, uma vez que o *atraso* se torna a condição para a *expansão* e a *acumulação* de capital nos Estados Unidos, não há interesse, nem das classes dominantes locais nem da classe burguesa do Norte, em *eliminá-la*. Não é por outro motivo que o chamado *welfare state* nunca encontrou vigência efetiva no continente latino-americano. E mais, essa dialética perversa é tão complexa que se reproduz também nos espaços do Sul, onde nações de origem periférica praticam uma espécie de *subimperialismo* em seus espaços internos. A relação entre Brasil e Bolívia, ao longo de muitas décadas, é um exemplo disso.

Na virada do século XX para o século XXI, quando se ampliou o processo de mundialização do capital, todo esse quadro se tornou ainda mais complexo, afetando fortemente a luta de classes na América. É o que veremos no item seguinte.

III – A era da mundialização do capital e a nova configuração da luta de classes

A partir da década de 1990, com a aplicação do receituário neoliberal baseado no Consenso de Washington, houve uma significativa privatização do setor produtivo estatal, como siderurgia, telecomunicações, energia elétrica, bancos, ferrovias, rodovias etc. Aprofundou-se ainda mais a dependência do continente latino-americano em relação aos interesses financeiros hegemônicos, especialmente àqueles sediados nos Estados Unidos. Privatização, desregulamentação, precarização do trabalho, desemprego estrutural, trabalho temporário, parcial e atípico passaram a caracterizar o cotidiano do mundo do trabalho.

Essa nova fase de mundialização do capital, iniciada a partir de 1970, foi conduzida sob forte hegemonia financeira[8]. Ampliou-se a corrosão do trabalho de matriz taylorista-fordista, contratado e regulamentado. Dominante ao longo do século XX, ele foi substituído em grande parte pelos mais distintos e diversificados modos de terceirização, informalidade e flexibilização, visando ampliar

---

[7]   Ricardo Antunes, *O continente do labor*, cit.

[8]   François Chesnais, *A mundialização do capital* (trad. Silvana Finzi Foá, São Paulo, Xamã, 1996).

94 *Capitalismo pandêmico*

os mecanismos de extração de mais-valor em tempo cada vez menor. E essa nova realidade caracterizada pela transnacionalização do capital reconfigurou a luta de classes no continente americano[9].

A classe burguesa sofreu grandes alterações em seus setores tradicionais, como o agrícola, comercial, industrial e bancário, e estes dois últimos ainda geraram um novo, o setor financeiro, que é hoje o mais poderoso. Além disso, houve um crescimento exponencial do *agrobusiness* e do setor de serviços, que foi intensamente privatizado nas últimas décadas. Com a expansão das sociedades anônimas, presenciamos também o fortalecimento dos altos gestores (por exemplo, o Chief Executive Officer ou CEO), que se tornaram verdadeiras *personificações do capital*, como dizia Marx – dirigem grandes corporações e controlam as cadeias produtivas globais geradoras de valor e riqueza, estabelecendo padrões dominantes de exploração do trabalho e suas taxas diferenciais, que variam entre as distintas regiões do mundo capitalista.

As camadas médias também cresceram e se heterogeneizaram: nos altos escalões, confundem-se com os gestores do capital e, em seus estratos inferiores, com o novo proletariado de serviços[10].

Em relação à classe trabalhadora, dada a nova divisão internacional do trabalho, verificou-se, por um lado, um expressivo aumento de novos trabalhadores e trabalhadoras, especialmente no setor de serviços e na agroindústria (por exemplo, no Brasil, México, Argentina e Colômbia); por outro lado, o proletariado industrial diminuiu fortemente em várias regiões, como nos Estados Unidos, onde Detroit, a cidade do automóvel, transformou-se em uma cidade fantasma. Assim, podemos dizer que a classe trabalhadora se complexificou, se heterogeneizou e se fragmentou ainda mais[11].

Se no apogeu do taylorismo-fordismo a força de uma fábrica mensurava-se pelo número de operários – o operário-massa magistralmente representado por Charles Chaplin em *Tempos Modernos* –, podemos dizer que, na era da acumulação flexível e da "empresa enxuta"[12], as empresas que se destacam são aquelas que empregam o menor contingente de força de trabalho, pois, com o avanço tecnológico, elas podem aumentar fortemente seus índices de produtividade.

Uma das consequências mais profundas dessas mudanças no interior da classe trabalhadora é o fato de que a informalidade vem deixando de ser a exceção para tornar-se a regra. A precarização passou a ser um elemento central da dinâmica do capitalismo flexível, quando não há oposição sindical a essa tendência.

---

[9] Ricardo Antunes, *Os sentidos do trabalho* (São Paulo, Boitempo, 2013).

[10] Harry Braverman, *Trabalho e capital monopolista: a degradação do trabalho no século XX* (trad. Nathanael C. Caixeiro, 3. ed., Rio de Janeiro, LTC, 1987).

[11] Ricardo Antunes, *Os sentidos do trabalho*, cit.

[12] David Harvey, *The Condition of Postmodernity* (Oxford, Blackwell, 1989) [ed. bras.: *A condição pós-moderna*, trad. Adail Ubirajara Sobral e Maria Stela Gonçalves. 23. ed., São Paulo, Loyola, 2012].

Foi visando recuperar seus níveis de acumulação e dominação que o capitalismo nos Estados Unidos fez deslanchar os novos processos de acumulação, a exemplo da Califórnia, baseado nas tecnologias de informação e comunicação, sob forte influência do toyotismo e do modelo japonês, que se expandiu e se ocidentalizou em escala global a partir dos anos 1980[13].

Os efeitos nos Estados Unidos, Chile e Argentina são alarmantes: desregulamentação dos direitos do trabalho, terceirização da força de trabalho nos mais diversos setores e ramos produtivos, além de forte ataque ao sindicalismo autônomo e de classe, visando sua conversão em um sindicalismo de parceria e negociação com as empresas. É nesse quadro marcado por um processo de transnacionalização das empresas que novos desafios se apresentam para o movimento operário e sindical.

Ao tratar dessa questão, João Bernardo afirma que "não se deve confundir a mundialização da economia com a mundialização das classes sociais", pois há uma defasagem entre elas[14]. A transnacionalização da economia tem como consequência o fortalecimento dos capitalistas, que aumentam sua coesão em escala internacional. Como o fortalecimento do capital se efetiva pelo aumento da exploração, torna-se vital fragmentar ainda mais a classe trabalhadora. Do que resulta uma contradição: de um lado, uma economia altamente mundializada, com a classe burguesa organizada transnacionalmente; de outro, a classe trabalhadora organizada ainda de modo predominantemente nacional e despreparada no plano da luta internacional[15].

Mas avançar em direção a uma ação internacional da classe trabalhadora não implica um abandono da ação no espaço nacional, e sim a compreensão da dupla dimensão dessa luta. Segundo Beverly Silver, uma ação internacional não significa somente "um movimento operário global", uma vez que a pressão do movimento operário sobre o Estado nacional é importante para preservar ou ampliar os direitos da classe trabalhadora[16].

Assim, *a articulação entre os espaços nacional e internacional torna-se decisiva*, pois, atuando *exclusivamente* em um desses âmbitos, a classe trabalhadora estará mais próxima do enfraquecimento e das derrotas[17]. Do mesmo modo que o capital dispõe de organismos *internacionais*, a classe trabalhadora deve romper os limites nacionais e avançar *também* em uma conformação mais internacionalizada. Muitas vezes a vitória ou a derrota de uma greve em um país depende do apoio, da

---

[13] Ricardo Antunes, *Os sentidos do trabalho*, cit.

[14] João Bernardo, *Transnacionalização do capital e fragmentação dos trabalhadores* (São Paulo, Boitempo, 2000), p. 47.

[15] Ibidem, p. 47 e seg.

[16] Beverly Silver, *Forças do trabalho: movimentos de trabalhadores e globalização desde 1870* (trad. Fabrizio Rigout, São Paulo, Boitempo, 2005).

[17] Ver István Mészáros, "Divisão do trabalho e Estado pós-capitalista", em *Para além do capital: rumo a uma teoria da transição* (São Paulo, Boitempo, 2002); Ricardo Antunes, "A classe-que-vive-do--trabalho: a forma de ser da classe trabalhadora hoje", em *Os sentidos do trabalho*, cit.

96   *Capitalismo pandêmico*

solidariedade e da ação dos operários de outras unidades da mesma empresa, em outros espaços produtivos.

Recordamos aqui alguns exemplos recentes e expressivos de greves e lutas sociais no continente americano. O primeiro é a greve dos trabalhadores da General Motors (GM) em Flint, no estado de Michigan, nos Estados Unidos, em junho de 1998. Iniciada em uma pequena unidade estratégica da empresa, segundo Kim Moody, a greve durou 54 dias, paralisou 27 das 29 unidades da GM e teve repercussões profundas em vários países, como Canadá, México e Brasil, uma vez que essa unidade produzia autopeças necessárias para a montagem dos automóveis nas demais fábricas da GM. Com a paralisação em Flint, pouco a pouco outras unidades foram sendo afetadas, parando praticamente todo o processo produtivo global da GM[18]. Moody lembra ainda que, "nestes tempos de internacionalização, sempre tem havido demonstrações de que os trabalhadores ainda resistem ao sistema de produção *just-in-time*, e esta greve é uma delas"[19]. Emblemática, a greve de Flint mostrou como a mundialização do capital pode ser enfrentada pelo movimento operário também em escala global.

Outro exemplo importante, ainda nos Estados Unidos, foi a greve na United Parcel Service (UPS), empresa global de entregas expressas. Ocorrida em 1997, uniu 185 mil trabalhadores *part-time* e *full-time*. A união desses dois núcleos importantes da classe trabalhadora garantiu a vitória da greve contra a separação que a UPS queria preservar. A luta conjunta por direitos iguais de trabalho e salário foi decisiva para que a greve fosse vitoriosa.

No Canadá ocorreram expressivas greves deflagradas pelos funcionários públicos, especialmente na década de 1990, e, em 2011, os trabalhadores mineiros da transnacional Vale Inco fizeram greve em Sudbury, Ontario. "Um dia a mais, um dia mais fortes!" foi o slogan que manteve a paralisação por um ano e meio.

Podemos mencionar também outras lutas sociais importantes, como a explosão de violência em Los Angeles, em 1992, contra o racismo persistente nos Estados Unidos, na qual as dimensões de *raça* e *classe* foram decisivas. Outro exemplo importante foi a Batalha de Seattle, em 1999, contra a Organização Mundial do Comércio (OMC), sinalizando uma nova fase de lutas contra a mundialização do capitalismo.

Mais recentemente, em 2011, floresceu o movimento Occupy Wall Street, que denunciou a hegemonia do capital financeiro e suas nefastas consequências sociais. O Occupy Wall Street possibilitou uma retomada do debate sobre as classes sociais, o trabalho, o desemprego, a crise, a financeirização e outros temas que se encontravam fora da agenda norte-americana e que esse movimento de massas fez ressurgir.

Na América Latina ocorreram vários ciclos de greves no Brasil, Argentina, México, Colômbia, Uruguai e outros. Essas greves foram desencadeadas pelos mais

---

[18] Kim Moody, "Acordo encerra greve em Flint", *Revista Lutas Sociais*, n. 5, 1998, p. 155-9.
[19] Ibidem, p. 155.

variados segmentos de trabalhadores e trabalhadoras, como os operários da indústria, os assalariados rurais, os funcionários públicos e diversos setores assalariados médios. No Brasil, por exemplo, houve várias greves *gerais por categoria*, como as dos metalúrgicos do ABC, em São Paulo, além de quatro greves gerais na década de 1980, quando o Brasil teve as mais altas taxas de greves no mundo. Foi também um período de ressurgimento do sindicalismo de classe, como a Central Única dos Trabalhadores (CUT), fundada em 1983 no Brasil e inspirada, em sua origem, num sindicalismo autônomo e independente do Estado[20].

Com as *maquiladoras* no México e América Central, temos exemplos impactantes do desastre social que sofremos. Essas plantas montadoras de artigos pré-fabricados em outros países, como nos Estados Unidos, visam produzir a baixo custo, especialmente no que diz respeito à força de trabalho, em comparação com o país de origem dos produtos, para se favorecer da taxa diferencial de exploração. O efeito mais nefasto dessas medidas é a precarização ainda maior da classe trabalhadora.

Foram intensas, então, as mobilizações de mineiros, metalúrgicos, eletricitários, camponeses, funcionários públicos e professores universitários para romper com o neoliberalismo. A greve dos professores públicos em Oaxaca, no México, em 2005, é um exemplo de luta contra a destruição da educação pública por governos e políticas neoliberais que se converteu em uma rebelião popular e abalou o poder político. Antes dela, foi de extremo impacto e importância – e não só para a América Latina – a eclosão da Rebelião de Chiapas em 1994, que aglutinou importantes comunidades indígenas e populares do sul do México e começou, simbolicamente, na data oficial de início do Acordo de Livre Comércio da América do Norte (Nafta). Seu significado não poderia ser mais evidente.

Na Argentina, como resposta ao quadro nefasto provocado pelas políticas neoliberais, houve importantes lutas sociais. Elas resultaram das múltiplas conexões e transversalidades entre *trabalho, classe, etnia/raça, gênero, geração, luta ambientalista* etc. que têm caracterizado esse novo período. Uma das mais relevantes foi desencadeada em dezembro de 2001 por desempregados e classes médias empobrecidas e depôs vários governos em poucos dias. Os *piqueteros* empregaram o chamado *"corte de las rutas"*: paralisaram estradas e avenidas, impediram a circulação de pessoas e mercadorias e afetaram diretamente o movimento do capital, dando grande dimensão pública ao desemprego. Houve milhares de assembleias de bairros nas quais a população discutiu diretamente a crise e suas alternativas, além de centenas de ocupações de fábricas (as denominadas *"fábricas recuperadas"*). Os casos de ocupação da fábrica têxtil Bruckman, da fábrica de tubos Inpa, do Hotel Bauen, em Buenos Aires, da cerâmica Zanon, em Neuquén, e do supermercado La Toma, em Rosário, são particularmente ricos, pois a classe trabalhadora vivencia seu cotidiano sem o controle direto do capital. O movimento das *empresas recuperadas*, junto com os

---

[20] Ricardo Antunes, *O novo sindicalismo do Brasil* (2. ed., Campinas, Pontes, 1995).

98 *Capitalismo pandêmico*

piqueteros, presentes em países como Uruguai, Venezuela, Colômbia, Peru e Brasil, reflete as novas dinâmicas do movimento dos trabalhadores e as novas modalidades do enfrentamento entre capital e trabalho.

No Brasil, a luta do Movimento dos Trabalhadores Sem Terra (MST) contra a grande propriedade agrária, o agronegócio, os transgênicos e agrotóxicos, é um importante exemplo das novas formas de luta social e política que têm florescido na América Latina. O MST, em verdade, tornou-se o principal catalisador e impulsionador das lutas sociais nas últimas décadas no Brasil. Sua importância decorre do fato de ter como centro de atuação a organização de base dos trabalhadores rurais, dos camponeses e dos desempregados em geral, que, por meio de ocupações, acampamentos e assentamentos, lutam pela posse da terra, pelo direito ao trabalho e à sobrevivência, sem se subordinar à ação parlamentar ou institucional.

Mais recentemente, o Movimento dos Trabalhadores Sem Teto (MTST) ganhou importante papel na luta contra a degradação da vida nas cidades, que empurra os assalariados pobres para os rincões mais periféricos e preserva os melhores espaços urbanos para condomínios ricos e especulações imobiliárias. E o Movimento Passe Livre (MPL), que luta pelo transporte público gratuito, teve destaque em várias lutas urbanas, em especial nas rebeliões de junho de 2013, que abalaram os alicerces da institucionalidade no Brasil e aprofundaram a crise dos governos do PT, mostrando a enorme distância entre o discurso partidário e o descontentamento popular.

Na Bolívia, os povos indígenas e os camponeses, herdeiros de uma tradição revolucionária, têm dado mostras de muita força e rebeldia contra a exploração e a espoliação intensas de suas riquezas naturais (minérios, petróleo, água etc.), juntando-se aos operários mineiros, que têm longa tradição de luta no país andino.

Na Venezuela, os assalariados pobres dos morros e dos bairros populares de Caracas também avançam na organização popular, buscando formas alternativas de organização do trabalho nas empresas e nas comunas populares.

No Peru, os indígenas e os camponeses desencadearam inúmeros levantes, como em 2009 contra o governo conservador de Alan García, e, junto com tantos outros povos andinos, ampliam os espaços de resistência e rebelião.

No Chile, a espetacular luta dos jovens estudantes vem desnudando a tragédia privatista vigente no país desde o brutal golpe militar que depôs o presidente socialista Salvador Allende.

Há, portanto, uma miríade de exemplos que expressam a luta de classes no continente americano e sua compreensão é vital para a emancipação dos povos das Américas.

IV – Conclusão

Para que se tenha uma efetiva compreensão da luta de classes nas Américas, é preciso partir de uma *concepção ampliada de trabalho*, do enorme contingente de homens e mulheres – dada a nova divisão sociossexual do trabalho – que vendem sua força de trabalho. Essa concepção deve incorporar também a totalidade do *trabalho social*, a totalidade do trabalho coletivo que vende sua força de trabalho como mercadoria em troca de salário, os desempregados e as desempregadas que não encontram emprego dada a lógica destrutiva que preside a sociedade capitalista.

Assim, essa *nova morfologia* compreende não só o operariado industrial, mas também os novos proletários dos serviços, da agroindústria, do comércio, do *fast--food,* dos hipermercados etc. São trabalhadores e trabalhadoras que frequentemente oscilam entre a *heterogeneidade* de gênero, etnia, geração, qualificação, nacionalidade etc. e a *homogeneidade* que resulta de sua crescente condição de precariedade.

Desse modo, o real entendimento das formas diferenciadas de luta de classes nas Américas nos obriga a captar essa *nova morfologia* em suas ricas transversalidades, tanto indicando as conexões existentes entre trabalho e geração de riqueza privadamente apropriada pelos capitais como explorando a hipótese de que uma *nova morfologia do trabalho* significa também perceber o afloramento de uma *nova morfologia das lutas entre as classes sociais.*

Se os Estados Unidos constituem um espaço decisivo da luta de classes, uma vez que são o *coração do capitalismo*, a América Latina é um *laboratório excepcional da luta de classes.* O que converte o continente americano em um capítulo importante da luta entre as classes sociais em busca de uma vida social emancipada.

8

ENGELS E A DESCOBERTA DO PROLETARIADO[1]

O conhecimento das condições de vida do proletariado é, pois, imprescindível para, de um lado, fundamentar com solidez as teorias socialistas e, de outro, embasar os juízos sobre sua legitimidade e, enfim, para liquidar com todos os sonhos e fantasias pró e contra.

Friedrich Engels, *A situação da classe trabalhadora na Inglaterra*

I – E QUANDO UM FILHO REBELDE DA BURGUESIA ENCONTROU O PROLETARIADO...

Comemoramos, em 28 de novembro de 2020, o bicentenário do nascimento de Engels. Sua importância para a constituição do materialismo e do socialismo é de tal envergadura que sua obra se *mescla* com a de Marx, tornando a relevância de sua contribuição verdadeiramente inestimável.

Aqui, neste capítulo, que retoma a aula que ministrei na ocasião de seu aniversário, vamos nos ater centralmente ao tema: *Engels e a descoberta do proletariado*.

Para iniciarmos, bastaria dizer que foi esse *filho rebelde da burguesia*, esse *jovem alemão* quem efetivamente "apresentou" a classe trabalhadora a outro jovem, Karl Marx, ao permitir que sua excepcional pesquisa sobre a classe trabalhadora na Inglaterra fosse lida por seu grande parceiro. Não é necessário acentuar que essa obra foi decisiva para a *real compreensão* de Marx do papel reservado ao proletariado. O jovem Marx já acompanhava com particular atenção, em seu trabalho jornalístico, as lutas florescentes do proletariado, especialmente na Alemanha e na França, onde viveu um curto período. Foi verdadeiramente pela leitura da obra de Engels que essa *classe* ganhou maior concretude e corporeidade para ele.

---

[1] Este capítulo foi publicado originalmente, com o mesmo título, em *Curso Livre Engels: vida e obra* (São Paulo, Boitempo, 2021).

Sabemos que, antes desse livro, Engels já tivera uma influência de forte impacto sobre Marx, quando este teve acesso ao "Esboço para uma crítica da economia política"[2], que sinalizava pela primeira vez a Marx a necessidade de *superar* a *filosofia* pela *crítica da economia política*, até então absolutamente desconhecida para ele.

O artigo de Engels, o *jovem filho rebelde da burguesia alemã*, apontava em seu *Esboço* que era imprescindível elaborar uma *crítica materialista radical* à filosofia idealista hegeliana, invertê-la e, assim, remetê-la ao plano da materialidade, à concretude do mundo real, onde nasce e se estrutura a *anatomia da sociedade civil*, segundo a conhecida frase de Marx, escrita em fins da década de 1850, quando finalizou sua primeira "Introdução" à crítica da economia política[3].

Quando leu o artigo de Engels, no início da década de 1840, Marx teve o *clique* que permitiu sua *mutação decisiva*, pois indicou por *onde ele deveria avançar para a verdadeira superação/suprassunção* do pensamento filosófico de Hegel, dominante na época.

Marx, em sua primeira crítica ao filósofo idealista, já se apercebia de que a contradição fundamental instaurada pela modernidade capitalista nascente se encontrava no *seio da sociedade civil*, entendida como *sociedade de classes*, e que o proletariado nascente seria o único polo social capaz de demolir o edifício burguês. É desse tempo sua magistral crítica ao Estado, que aparece de modo primevo e altamente vigoroso na "Introdução" à *Crítica da filosofia do direito de Hegel*[4], escrita entre fim de 1843 e início de 1844.

Foi pouco tempo depois, em 1845, que Engels, então com 24 anos, finalizou sua investigação *original*, que lhe consumira 21 meses de intenso *labor* intelectual. Deu-lhe o seguinte título: *A situação da classe trabalhadora na Inglaterra*[5]. A obra teve um impacto decisivo no pensamento *em constituição* de Marx. Este, em razão de sua atividade jornalística, percebera a relevância das lutas dos operários da Silésia e suas greves; revoltara-se com a brutalidade dos latifundiários alemães contra o "roubo" de lenha; e, posteriormente, em 1843-1844, já em Paris estreitara o interesse e a proximidade, atuando junto ao proletariado emergente.

Mas foi lendo o texto engelsiano que Marx pôde compreender melhor o *ser* do proletariado, sua concretude, sua realidade em *carne e osso*, o que o levou a desenvolver de modo ontologicamente mais adensado a importância do proletariado no processo revolucionário e na busca da emancipação da humanidade.

---

[2] Friedrich Engels, "Esboço para uma crítica da economia política", em *Esboço para uma crítica da economia política e outros textos de juventude* (trad. Ronaldo Vielmi Fortes, São Paulo, Boitempo, 2021).

[3] Karl Marx, "Introdução à *Contribuição à crítica da economia política*", em *Contribuição à crítica da economia política* (trad. Florestan Fernandes, São Paulo, Expressão Popular, 2008).

[4] Idem, "Crítica da filosofia do direito de Hegel – Introdução", em *Crítica da filosofia do direito de Hegel* (trad. Rubens Enderle e Leonardo de Deus, São Paulo, Boitempo, 2013).

[5] Friedrich Engels, *A situação da classe trabalhadora na Inglaterra* (trad. B. A. Schumann, 1. ed. rev., São Paulo, Boitempo, 2010).

Se Marx já constatara a despossessão do proletariado e a vigência de algumas de suas opressões (*a classe com grilhões radicais*)[6], sua análise ganhou uma forte dimensão *objetiva* e *materialista*. Uma vez mais, era preciso remeter sua análise à *anatomia da sociedade civil*, isto é, tornava-se imperioso avançar na *crítica da economia política* e assim constatar as formas de exploração que o capital impunha à classe trabalhadora.

Assim, foi inicialmente pela leitura dessas duas obras de Engels que Marx se apercebeu, com expressiva profundidade, da tese engelsiana de que o *desenvolvimento industrial só poderia ser impulsionado pela expansão exponencial da classe trabalhadora*, aquela que, por ser explorada pelo capital, se tornava a *principal força social e política* capaz de se contrapor ao capitalismo.

Neste capítulo, vou tão somente indicar *algumas pistas seminais* de Engels, de modo que se possa ter uma efetiva compreensão da riqueza e originalidade de seu *A situação da classe trabalhadora na Inglaterra*. E farei isso seguindo o roteiro que apresentei *oralmente*, quando ministrei a aula em homenagem ao "grande companheiro" de Marx, sem o qual, vale reiterar, a genial construção da dialética marxiana simplesmente não seria a mesma.

Talvez se possa dizer que o maior mérito dessa obra de Engels é apresentar a classe trabalhadora *como ela efetivamente é*, seu *modo de ser*, sua emergência, suas potencialidades, seus limites, suas possibilidades e dificuldades, sua força transformadora, que já eram perceptíveis na primeira metade da década de 1840. Foi o primeiro grande estudo *materialista* sobre a classe trabalhadora e, por isso, converteu-se em uma obra dotada de grande exemplaridade, cuja força é de tal envergadura que lhe confere, em diferentes pontos, uma efetiva dimensão atual, contemporânea.

Devo acrescentar, ainda nesta introdução, que foi esse livro emblemático que inspirou minha proposta de criar a Coleção Mundo do Trabalho, apresentada cerca de vinte anos atrás a Ivana Jinkings, que então dava os primeiros passos na criação da mais do que bem-sucedida Boitempo Editorial. Essa obra engelsiana me veio imediatamente à cabeça quando percebi a necessidade de uma coleção que tratasse ao mesmo tempo do *passado e presente da classe trabalhadora*, suas lutas, resistências, embates, elaborações, projetos, ações; que recuperasse experimentos do passado, mas também pudesse oferecer um desenho de *quem é e de como se configura o proletariado em nossos dias*.

Com dezenas de livros publicados, com autoras e autores nacionais e estrangeiros, desde os mais renomados estudiosos e estudiosas até os mais jovens, esse era o projeto e assim foi a sua concepção.

---

[6] Karl Marx, *Crítica da filosofia do direito de Hegel* (trad. Rubens Enderle e Leonardo de Deus, 2. ed. rev., São Paulo, Boitempo, 2010), p. 156.

II – Quem é e como vive a classe trabalhadora na Inglaterra?

Vamos oferecer, então, um desenho das temáticas que Engels tratou nesse livro e, ao assim proceder, destacar sua importância e força, o que nos permitirá compreender a vitalidade e a permanência desse livro, verdadeiro patrimônio da história e da teoria *da* e *sobre* a classe trabalhadora.

Para tanto, vou procurar me ater ao máximo ao texto da obra engelsiana, de modo a transmitir seu profundo envolvimento com o *objeto de sua reflexão*, não é demais repetir, inteiramente *comprometida* com o *presente* e o *futuro* da classe trabalhadora e, ao mesmo tempo, tão intensamente *rigorosa*, pautada tanto em fortes evidências empíricas como em densas análises e reflexões críticas e científicas.

Logo no "Prefácio" de *A situação da classe trabalhadora na Inglaterra*, Engels oferece uma pista metodológica, demonstrando seu acentuado perfil *ontológico* e *dialético*, isto é, buscando apreender os elementos essenciais da *matéria*, de seu *objeto* de análise.

Como ele mesmo afirma, a proposta inicial era escrever "um capítulo de um trabalho mais amplo sobre a história social da Inglaterra", mas a "importância de tal objeto obrigou-me a dedicar-lhe um estudo particular". Isso porque a "situação da classe operária é a base real e o ponto de partida de todos os movimentos sociais de nosso tempo [...] é, simultaneamente, a expressão máxima e a mais visível manifestação da nossa miséria social"[7].

Filho de um rico industrial alemão, Engels, *o filho rebelde da burguesia*, então com apenas 24 anos, apresenta o percurso que realizou para efetivar sua empreitada: "Durante vinte e um meses, tive a oportunidade de conhecer de perto, por observações e relações pessoais, o proletariado inglês, suas aspirações, seus sofrimentos e suas alegrias"[8]. Suas fontes são sempre referendadas e referidas às indicações originais, de modo que há uma abundância de elementos empíricos dando densidade e concretude à obra. "Tudo o que vi, ouvi e li está reelaborado neste livro", afirmou o autor[9].

É imperioso acrescentar que essa vivência do cotidiano operário, não só em suas condições de trabalho, mas também em suas condições de vida, sua singeleza, suas adversidades e carecimentos, a precariedade absoluta de suas moradias, a escassez de sua alimentação, dentre tantas outras dimensões da esfera reprodutiva depauperada da classe trabalhadora, tudo isso o *jovem rebelde* somente pôde conhecer graças à ajuda e participação ativa de sua parceira de tanto tempo, a operária irlandesa Mary Burns, que lhe apresentou os rincões da vida proletária.

A percepção da heterogeneidade e diferenciação existentes no interior de seu objeto o levou a esclarecer, desde logo, qual o melhor modo de denominá-lo: "uti-

---

[7] Friedrich Engels, *A situação da classe trabalhadora na Inglaterra*, cit., p. 41.
[8] Idem.
[9] Idem.

lizei também", diz Engels, "constantemente como sinônimos as palavras: operários (*working men*), proletários, classe operária, classe não proprietária e proletariado"[10].

Essa decisiva indicação não o impediu, entretanto, de descortinar o *núcleo fundamental da classe trabalhadora nascente* em Manchester: "Se quisermos, agora, examinar um a um, com mais cuidado, os principais setores do proletariado inglês, devemos começar [...] pelos operários fabris, isto é, aqueles cobertos pela legislação sobre as fábricas". Essa legislação é aquela que "regula a duração da jornada de trabalho nas indústrias onde se fiam ou tecem a lã, a seda, o algodão e o linho [...] e envolve, por isso mesmo, os ramos mais importantes da indústria inglesa"[11].

Nas próprias palavras de Engels, a "classe de operários que vive desse trabalho representa o núcleo mais numeroso, mais antigo, mais inteligente e mais enérgico dos operários ingleses e também, exatamente por isso, o mais combativo e o mais odiado pela burguesia"[12]. Esses operários, "e especialmente aqueles que processam o algodão, estão à frente do movimento operário". Em contraposição, está o empresariado industrial têxtil de Lancashire, o núcleo mais forte da burguesia emergente e que, por isso mesmo, está "à frente da agitação burguesa"[13].

Com sua diversidade e heterogeneidade, Engels avança no desenho da classe trabalhadora inglesa, o que o levou a dar especial atenção ao trabalho das mulheres.

III – A condição operária feminina, a exploração e seus flagelos

A condição da mulher esteve presente com frequência em vários momentos da obra engelsiana e bastaria mencionar o clássico *A origem da família, da propriedade privada e do Estado*, talvez sua obra mais relevante sobre a temática das mulheres[14].

Aqui, entretanto, vamos apresentar alguns aspectos da *condição operária* presentes em *A situação da classe trabalhadora na Inglaterra*, pois nele Engels dedicou particular atenção às mulheres operárias. Demonstrou, sempre respaldado em documentação médica e forte evidência empírica, que as "deformações físicas, consequência de um trabalho muito prolongado, são ainda mais graves nas mulheres". Afirma que as "deformações na bacia, seja por uma má posição dos ossos ou por seu desenvolvimento defeituoso, seja por desvios na parte inferior da coluna vertebral", são frequentemente "resultantes do excessivo trabalho fabril"[15].

---

[10] Ibidem, p. 43.

[11] Ibidem, p. 173.

[12] Idem.

[13] Idem.

[14] A obra de Engels é rica e vastíssima, mas devemos mencionar, pela importância das temáticas, além de *A origem da família, da propriedade privada e do Estado* (trad. Nélio Schneider, São Paulo, Boitempo, 2019), *Dialética da natureza* (trad. Nélio Schneider, São Paulo, Boitempo, 2020).

[15] Friedrich Engels, *A situação da classe trabalhadora na Inglaterra*, cit., p. 197.

106   *Capitalismo pandêmico*

Com uma sensibilidade incomum para seu tempo, analisou as diferenciações de sexo no interior da classe operária: "O fato de as operárias fabris terem trabalhos de parto muito mais difíceis que as outras mulheres é atestado por inúmeras parteiras e médicos, bem como o fato de abortarem com mais frequência". E acrescenta que as mulheres sofrem muito mais intensamente a destruição e o debilitamento físico geral que atinge o proletariado fabril: "quando grávidas elas são obrigadas a trabalhar *até quase o momento do parto* – evidentemente, se deixam de trabalhar muito antes, correm o risco de se verem substituídas e postas na rua e, além do mais, perderiam o salário"[16].

E, com a ironia e contundência de quem conhecia por dentro os "valores da burguesia" – e, sem ironia, poderíamos falar da conhecida *desfaçatez da classe proprietária* –, Engels acrescenta que "se os senhores burgueses não veem nisso nada de extraordinário" – do mesmo modo que tratam o trabalho infantil como *natural*, como veremos adiante – "talvez as suas mulheres me concedam a admissão de que obrigar uma grávida a trabalhar de pé e a abaixar-se e a levantar-se inúmeras vezes durante doze ou treze horas (e, no passado, ainda mais) até o momento do parto é uma crueldade inqualificável, uma barbaridade infame"[17].

A condição de *filho da burguesia*, suplantada e substituída pela enfática e decisiva adesão ao socialismo, permitiu a Engels compreender melhor as diversas formas de manifestação da exploração e opressão da burguesia, bem como as motivações da classe trabalhadora operária. A *condição de classe* faz a operária conhecer o "pavor do desemprego", que significa ainda mais miséria, e a obriga a "retornar ao trabalho rapidamente, não obstante sua fraqueza e suas dores; o interesse do industrial não lhe permite um puerpério adequado"[18].

Dada essa dura realidade, Engels acrescenta que, do mesmo modo que "os operários, as operárias também não têm o direito de adoecer e deixar o trabalho para recuperar-se". Se a classe operária tivesse o *direito de adoecer*, o "industrial teria de parar uma máquina ou incomodar sua nobre cabeça para proceder a uma substituição temporária", mas, antes que isso ocorra, "ele despede a operária"[19].

---

[16] Ibidem, p. 198.

[17] Idem.

[18] Idem.

[19] Idem. Rosa Luxemburgo talvez tenha tido, em alguma medida, uma inspiração engelsiana (se me for permitido aqui essa ilação) quando afirmou, em seu contundente artigo "A proletária", que a "proletária precisa de direitos políticos, pois exerce a mesma função econômica que o proletário masculino na sociedade, se sacrifica igualmente para o capital, mantém igualmente o Estado, e é igualmente sugada e subjugada por ele". E acrescentou: "Formalmente, o direito político da mulher insere-se harmonicamente no Estado burguês. [...] Mas como o direito político da mulher é, hoje, uma reivindicação de classe puramente proletária, então, para a atual Alemanha capitalista, [...] o direito de voto das mulheres apenas pode vencer ou sucumbir junto com toda a luta de classes do proletariado, apenas pode ser defendido com os métodos proletários de luta e os seus meios de poder" (em Isabel Loureiro, org., *Rosa Luxemburgo: textos escolhidos*, São Paulo, Ed. Unesp, v. 1, p. 493-6).

Se esses exemplos fazem crer que estamos na zona limítrofe da exploração e da opressão, é sempre bom recordar que, quando se trata de explorar para acumular, não há limites para as classes burguesas. É por isso que o que é efetivamente vilipêndio se converte em "dádiva". O trabalho infantil talvez seja o exemplo mais emblemático.

IV – A BURGUESIA NÃO TEM LIMITES: ATÉ AS CRIANÇAS SÃO BRUTALMENTE EXPLORADAS

Essas condições adversas são mais intensas quando se analisam os traços de *gênero* e *geração*, que padecem de níveis ainda maiores de exploração do trabalho. Outro exemplo cuidadosamente apresentado por Engels foi o ingresso precoce de filho(a)s de operário(a)s no universo fabril. Já mencionei algumas vezes, em depoimentos que fiz neste período de pandemia, que o que mais me impressionou, quando visitei o Museu da Revolução Industrial em Manchester, o Quarry Bank Mill, *não foi a maquinaria em sua intensa e lépida evolução, mas a rudeza e violência estampada nos caixotes que se avolumavam dentro dos galpões onde dormiam as crianças operárias*, naquela que havia sido, no passado, um exemplo de fábrica têxtil, o ramo mais emblemático durante a explosão da indústria na Inglaterra.

O nosso *jovem rebelde*, em seu estudo excepcional, nada *neutro*, mas profundamente *objetivo*, mostrou que, *por volta dos nove anos, as crianças operárias eram enviadas para as fábricas* e, também em Manchester, era comum encontrar mães de quinze anos de idade. As consequências desse flagelo são duras e duradouras, acarretando, como diz Engels, novos elementos nocivos para a classe trabalhadora.

Segundo suas palavras, na "maioria das fiações de algodão e linho, especialmente nas seções onde a matéria é cardada e penteada, o ar é carregado de poeira filamentosa que produz afecções pulmonares – alguns organismos podem suportar essa atmosfera, outros não". Contudo "o operário não tem escolha", pois é obrigado "a aceitar trabalho onde exista, quer seus pulmões estejam bem ou não"[20]. Como consequência, são comuns "os escarros de sangue, a respiração ofegante e sibilante, dores no peito, tosse, insônia, todos os sintomas da asma e, nos piores casos, a tuberculose pulmonar"[21].

Segundo o autor, "especialmente nociva é a fiação úmida do linho, executada por moças e crianças", uma vez que a "água salta dos fusos, encharca as roupas e deixa molhado o piso". Algo similar ocorre, ainda que em menor intensidade, "nas seções de dobagem do algodão", acarretando "resfriados crônicos e afecções pulmonares. Se a maioria dos operários fabris tem a mesma voz fraca e rouca, têm-na todos aqueles que trabalham na fiação úmida do linho e na dobagem"[22].

---

[20] Friedrich Engels, *A situação da classe trabalhadora na Inglaterra*, cit., p. 199-200.

[21] Ibidem, p. 200.

[22] Idem.

108 *Capitalismo pandêmico*

Vale recordar que a investigação crítica e arguta de Engels sobre a presença de crianças operárias no espaço fabril foi baseada especialmente nos relatórios dos inspetores de fábrica (mesma documentação que foi decisiva para Marx analisar as condições do trabalho operário em *O capital*), cuja função era verificar se a (precária) legislação social do trabalho estava sendo cumprida ou burlada. No ano de 1843, dois inspetores "declaram que um grande número de industriais daqueles ramos de produção onde o trabalho infantil pode ser dispensado ou substituído pelo de adultos ainda obrigam crianças a trabalhar de catorze a dezesseis horas ou mais", sendo frequentes também jovens com idade um pouco maior do que aquela prevista em lei[23]. E ainda acrescentam que os empresários "violam deliberadamente a lei, reduzindo as horas de descanso e obrigando as crianças a jornadas muito mais longas que as permitidas" e, quando são denunciados, a "multa eventual é muito pequena em comparação com os ganhos que obtêm com a violação da lei". Sobretudo quando os negócios prosperam, "os industriais são muito tentados a esse tipo de comportamento"[24].

Nessa mesma obra, Engels tratou também da formação do proletariado mineiro, particularmente importante na história do movimento operário inglês pelo fornecimento de matérias-primas, como minério, metal e hulha, e do proletariado agrícola, que foi resultado da concentração da propriedade da terra e da consequente ruína dos pequenos camponeses, o que os levou a perder a pequena propriedade e se converter em "trabalhadores agrícolas a serviço dos grandes proprietários fundiários ou dos grandes arrendatários"[25].

Engels dedicou particular atenção também às primeiras formas de resistência e organização do proletariado, oferecendo uma recuperação histórica riquíssima que vai desde os embriões da luta operária até o ponto máximo que conseguiu atingir sua ação política, quando a luta de classe levou o proletariado a criar o movimento cartista (denominação oriunda da *Carta do Povo*, como veremos adiante). Esse importante resgate está presente no capítulo "Os movimentos operários".

Mas, antes de entrar nesse ponto, é importante recordar que Engels tinha claro que a concorrência dentro da classe operária se constituía em elemento profundamente deletério, uma vez que dificultava e mesmo obstava a formação da solidariedade e da consciência de classe.

V – A CONCORRÊNCIA DENTRO DO OPERARIADO: A "PRIMEIRA ARMA" DA BURGUESIA

A vivência de Engels como filho de industrial e jovem comunista que começava a se formar permitiu que ele constatasse o papel profundamente desorganizador

---

[23] Ibidem, p. 209.
[24] Idem.
[25] Ibidem, p. 293.

que a concorrência impõe à classe trabalhadora. Segundo Engels, ela "é a expressão mais completa da guerra de todos contra todos que impera na moderna sociedade burguesa". Isso porque é uma "guerra pela vida, pela existência", que "não se trava apenas entre as diferentes classes da sociedade, mas também entre os diferentes membros dessas classes", pois cada um "constitui um obstáculo para o outro e, por isso, todos procuram eliminar quem quer que se lhes cruze o caminho e tente disputar seu lugar". Por conta dessa trágica lógica, na qual um se converte em inimigo do outro, os "operários concorrem entre si tal como os burgueses"[26].

Os exemplos apresentados são abundantes e tinham vigência desde os primórdios do movimento operário. Engels indica que tanto o "tecelão que opera um tear mecânico concorre com o tecelão manual" quanto "o tecelão manual desempregado ou mal pago concorre com aquele que está empregado ou é mais bem pago", porque visa seu emprego. Trata-se, então, do "que existe de pior" nas condições de vida do proletariado, uma vez que se constitui na "arma mais eficiente da burguesia" em sua luta contra a classe trabalhadora.

Não é por outro motivo que o proletariado se esforça "para suprimir tal concorrência por meio da associação". Na contraposição, é exatamente essa associação de classe que provoca o "furor" da burguesia e, a cada vitória sobre a classe operária, ela manifesta seu "grande júbilo"[27].

A constatação engelsiana é cáustica e contundente: sendo o proletariado "desprovido de tudo", ele não conseguiria sobreviver por si mesmo, "porque a burguesia se arrogou o monopólio de todos os meios de subsistência, no sentido mais amplo da expressão". Desse modo, tudo o que a classe trabalhadora necessita "só pode obtê-lo dessa burguesia, cujo monopólio é protegido pela força do Estado"[28].

É por esse motivo que "o proletariado, de direito e de fato, é escravo da burguesia, que dispõe sobre ele de um poder de vida e de morte". Dela, o operariado recebe somente o necessário para sobreviver, mas ainda assim lhe impõe, como condicionante, a obrigação de fornecer um "equivalente", isto é, "seu trabalho". Ao assim proceder, a classe burguesa dá a "aparência de agir segundo sua própria vontade, de estabelecer livremente com ela um contrato, sem constrangimentos, como se o proletariado fosse o autor de seu próprio destino"[29].

Mas, como a *história da sociedade é a própria história da luta de classes*, pouco a pouco começaram a germinar e florescer as lutas da classe operária. E, uma vez mais, as indicações de Engels são preciosas. Coube a ele resgatar os *primeiros passos* dessas lutas, no capítulo "Os movimentos operários".

---

[26] Ibidem, p. 117.
[27] Ibidem, p. 118.
[28] Idem.
[29] Idem.

VI – As respostas do operariado: os primórdios da luta de classes na Inglaterra

Engels começou o capítulo supracitado afirmando que o operariado "só pode afirmar sua própria qualidade humana pela oposição contra todas as suas condições de vida", o que é uma empreitada de tal envergadura "que mesmo os atos mais violentos de hostilidade dos operários contra a burguesia e seus servidores não são mais que a expressão aberta e sem disfarces daquilo que, às ocultas e perfidamente, a burguesia inflige aos operários"[30].

Demonstrou que foi a partir da explosão das atividades industriais que começaram a eclodir as rebeliões operárias, num processo que experimentou várias fases. E indicou que a "primeira forma" de revolta, "a mais brutal e estéril", deu-se pelo crime. Constata a desigualdade profunda, vendo os donos do capital aumentarem suas riquezas, ao mesmo tempo que o operariado "tinha de suportar condições tão horríveis", não lhe restava alternativa senão o roubo. Este, entretanto, era expressão de uma "forma de protesto mais rudimentar e inconsciente", e nunca se configurou como uma tendência do conjunto do proletariado[31].

Com a introdução da maquinaria, nos inícios da Revolução Industrial, desencadeou-se um vasto movimento de destruição das máquinas que se tornou conhecido como ludismo. Mas tratava-se, ainda segundo Engels, de um movimento isolado e limitado, focado em um único elemento, qual seja, a expansão do maquinário industrial. Mesmo com ações sucessivas de destruição das máquinas, novas eram introduzidas e o círculo se perpetuava[32].

Foi essa constatação que levou o operariado a "encontrar uma forma nova de oposição". E esse salto de organização e consciência de classe foi obtido com a criação das *trade unions*, os sindicatos operários ingleses, que lutaram e conseguiram sua legalização em 1824. A partir de então, esse organismo vital para a classe trabalhadora na luta contra a exploração do trabalho teve o direito de se constituir e superar a fase anterior, na qual tais organizações eram secretas.

Conquistado o "direito à livre associação, essas sociedades rapidamente se expandiram por toda a Inglaterra e tornaram-se fortes". Espalharam-se por "todos os ramos de trabalho", tendo como finalidade "proteger o operário contra a tirania e o descaso da burguesia"[33].

Esse avanço permitiu que os sindicatos, além de lutar por melhores salários e condições de trabalho, organizassem pouco a pouco associações mais amplas, de perfil federativo, que em alguns casos tentaram "unir *numa só organização* de toda a Inglaterra os operários de um *mesmo* ramo". Foi em 1830 a primeira tentativa de

---

[30] Ibidem, p. 248.
[31] Ibidem, p. 248-9.
[32] Idem.
[33] Ibidem, p. 250.

criar uma "associação geral de operários de todo o reino, com organizações específicas para cada categoria". Mas Engels recorda que "esses experimentos foram raros e de curta duração, porque uma organização desse tipo só pode ter vida e eficácia à base de uma agitação geral de excepcional intensidade"[34].

A partir desses *primeiros passos*, os *movimentos operários* deslancharam, buscando novos objetivos e novas conquistas. E foi assim que surgiram as primeiras greves (*strikes*), isto é, começaram a ocorrer paralisações do trabalho quando o patronato se recusava "a pagar o salário fixado pela associação"[35]. A suspensão do trabalho podia ser "parcial, quando um ou alguns patrões se recusa[va]m a pagar o salário proposto pela associação, ou geral, quando a recusa prov[inha] de todos os patrões de um determinado ramo"[36].

Engels recorda ainda que a concorrência e as divisões no seio do proletariado deram origem aos famigerados *knobsticks*, os "fura-greve", cooptados pela burguesia para informar o patronato das ações operárias, delatar suas lideranças etc. e derrotar a greve e a força da organização operária.

Por conta dessas tantas dificuldades, a "história dessas associações é a história de uma longa série de derrotas dos trabalhadores, interrompida por algumas vitórias esporádicas"[37]. Isso porque o poder econômico do capitalista tinha vários instrumentos para preservar tanto a dominação como a exploração. Engels acrescenta que, quando essas ações de resistência visavam "causas de menor magnitude", muitas vezes acabavam por ter maior eficácia[38]. Nesse caso, além de enfrentar a "concorrência dos outros industriais, agora são os próprios operários que o pressionam [isto é, o industrial] quando o mercado de trabalho lhes é mais favorável – e, nessas condições, podem obrigá-lo a um aumento mediante uma greve"[39].

Engels constatou, em sua pesquisa, a *dialética presente nas greves*, na qual as *vitórias* e as *derrotas* se alternam, tendência que tem sido um traço característico na história do movimento operário. Na Inglaterra, na primeira metade da década de 1840, as vitórias foram menos frequentes do que as derrotas.

Essa constatação levou Engels a indagar: "por que os operários entram em greve, dada a evidente ineficácia de sua ação? Simplesmente porque *devem* protestar contra a redução do salário". E, mais ainda, eles "não podem adaptar-se às circunstâncias, mas, ao contrário, as circunstâncias devem adaptar-se a *eles*", pois não resistir "equivaleria à aceitação dessas condições de vida, ao reconhecimento do direito de a burguesia explorá-los durante os períodos de prosperidade e deixá-los morrer de fome nos períodos desfavoráveis"[40].

---

[34] Idem.
[35] Ibidem, p. 250-1.
[36] Ibidem, p. 251.
[37] Idem.
[38] Idem.
[39] Ibidem, p. 252.
[40] Ibidem, p. 252-3.

112   *Capitalismo pandêmico*

Mas havia outro elemento central destacado por Engels: os sindicatos e as greves significaram a "primeira tentativa operária para *suprimir a concorrência*", o que expressava um salto da consciência operária, que compreendeu "que o poder da burguesia se apoia unicamente na concorrência entre os operários", isto é, "na divisão do proletariado, na recíproca contraposição dos interesses dos operários tomados como indivíduos"[41].

Desse modo, os sindicatos ajudaram os operários a tomar consciência de sua força coletiva e, assim, se recusar a vender sua força de trabalho abaixo de suas necessidades básicas. Eles mostraram que, "além de força de trabalho", operários organizados dispõem "também de vontade", o que lhes possibilita exercer uma contraposição à "economia política moderna" e lutar para a derrogação das "leis que regem o salário"[42].

E foi por essa atuação que os operários, reconhecendo que "não dispõem da força" para mudar a lei, avançaram "propostas para modificá-la" e, "no lugar da lei burguesa... instaurar uma lei proletária". Dessa constatação e das tantas lutas que estavam em curso, nasceu a *Carta do Povo,* "proposta do proletariado [...] cuja forma possui um caráter exclusivamente político [...]"[43].

VII – Primeiro esboço de uma política operária independente: o movimento cartista

Foi, então, como desdobramento da eclosão das greves e da criação de inúmeras associações sindicais, que floresceu na Inglaterra o movimento cartista. Por serem frequentemente derrotadas, recorda o autor, as greves não conseguiam alterar as leis que restringiam e limitavam enormemente os direitos operários. O cartismo nasceu como consequência política das lutas da classe trabalhadora, em *oposição e confrontação à legislação burguesa*, e com o objetivo de conquistar "uma lei proletária"[44].

A *Carta do Povo* continha, desde o início, "um caráter exclusivamente político", uma vez que se tratava de uma "forma condensada da oposição à burguesia", rompendo o isolamento que era frequente nas greves e lutas operárias. Por isso, podemos dizer que o cartismo foi criado como um movimento capaz de confrontar a burguesia e seu "poder político, a muralha legal com que ela se protege"[45].

Foi assim que, em 1838, a Associação Geral dos Operários de Londres elaborou a proposta que se tornou conhecida como a *Carta do Povo*, composta de seis bandeiras centrais para o movimento: 1) sufrágio universal para os operários; 2) renovação anual do Parlamento; 3) remuneração para os parlamentares, de modo

---

[41] Ibidem, p. 253.
[42] Idem.
[43] Ibidem, p. 261-2.
[44] Ibidem, p. 262.
[45] Idem.

Engels e a descoberta do proletariado 113

a garantir a sobrevivência dos proletários eleitos; 4) eleições secretas; 5) igualdade dos colégios eleitorais iguais e 6) fim da exigência de propriedade de terras para as candidaturas. De acordo com Engels, esses pontos, em seu conjunto, uma vez implementados, seriam suficientes, "por mais anódinos que possam parecer, para fazer ruir a Constituição inglesa e, com ela, a Rainha e a Câmara Alta"[46].

No plano mais analítico, nosso autor percebia também as limitações do cartismo, concebendo-o como "um movimento essencialmente operário", mas que "ainda não se distinguia nitidamente da pequena burguesia radical" e, por isso, "caminhava no mesmo passo que o radicalismo burguês"[47]. Mas acrescenta que foi tanto como consequência dos embates (de que foi exemplo a luta pela jornada de trabalho de dez horas) quanto da radicalização das lutas e ações operárias por melhores salários e condições de trabalho que as sublevações passaram a defender a *revolução,* selando "a separação definitiva entre o proletariado e a burguesia"[48].

Os operários cartistas lideravam, então, "todas as lutas do proletariado contra a burguesia"[49], assumindo desse modo, além de seu conteúdo político, também uma *"natureza essencialmente social"*[50]. Resultado dessa relevante fusão, avançando para além dos "seis pontos" do programa inicial, a nova proposta passou a ser: "O poder político é o nosso meio; a nossa finalidade é o bem-estar social"[51].

Foi assim que, sempre segundo Engels, a "aproximação ao socialismo" tornava--se "inevitável", especialmente pela crise econômica que "se seguirá à atual fase favorável à indústria e ao comércio"[52].

Apostando na história, Engels acrescenta que o "socialismo autenticamente proletário", presente no cartismo, livre de "componentes burgueses, tal como já se desenvolve hoje entre muitos socialistas e muitos dirigentes cartistas (que são quase todos socialistas)", deveria assumir "um papel importante na história do povo inglês"[53].

Mesmo sabendo "que o movimento operário está dividido em duas frações: os cartistas e os socialistas", o *jovem rebelde* realiza uma síntese preciosa e acrescenta que os cartistas são "proletários autênticos, de carne e osso" e "representam legiti-mamente o proletariado". Já os "socialistas têm horizontes mais amplos [...], mas provêm originariamente da burguesia e, por isso, são incapazes de se amalgamar com a classe operária"[54].

---

[46] Ibidem, p. 262-3.
[47] Ibidem, p. 263.
[48] Ibidem, p. 267.
[49] Ibidem, p. 268.
[50] Ibidem, p. 269.
[51] Idem.
[52] Idem.
[53] Ibidem, p. 270-1.
[54] Ibidem, p. 271.

114 *Capitalismo pandêmico*

A conclusão desse balanço do movimento operário inglês em sua primeira fase, mais acentuadamente política, é que a "fusão do socialismo com o cartismo [...] será a próxima etapa e ela já está em curso"[55].

Engels finaliza assim esse capítulo primoroso de seu livro: "Quanto mais o sistema fabril penetra num ramo de trabalho, tanto mais ativamente os operários participam do movimento"; do mesmo modo, quanto maior o "contraste entre operários e capitalistas, tanto mais desenvolvida, tanto mais aguçada se torna a consciência proletária no operário"[56].

Por certo, havia um forte otimismo de Engels, dado o contexto inglês, pautado por uma profunda crise econômica, social e política, que o levou a acreditar que a revolução "estava próxima", influência que, segundo Gustav Mayer, deveu-se em alguma medida aos depoimentos dos militantes cartistas[57].

Mas, conforme constatou Marcelo Badaró, Engels tinha consciência das limitações ideológicas do cartismo inglês, pois o "horizonte político" desse movimento "ainda se via limitado pelo horizonte da sociedade capitalista": "os socialistas que atuavam na Inglaterra, embora apontassem para a superação do capitalismo, possuíam uma origem de classe burguesa que gerava dificuldades de atuação no meio proletário". O que leva o autor a concluir, em sintonia com nossas formulações, que "Engels apostava na fusão entre socialismo e cartismo, o que potencializaria um projeto de poder da classe trabalhadora"[58].

Se a história do movimento operário na Inglaterra não o levou à vitória, podemos dizer que as bases da *revolução social* já estavam em processo de gestação.

VIII – E QUANDO TUDO QUE É SÓLIDO PODE SE DESMANCHAR NO AR...

A tese engelsiana acerca da expansão e papel propulsor do proletariado na *revolução social*, já indicada em *A situação da classe trabalhadora na Inglaterra*, reaparece com grande força no célebre *Manifesto Comunista*, que, como sabemos, foi escrito por Marx e Engels, entre o fim de 1847 e o início de 1848, a pedido da Liga dos Comunistas.

Essa tese pode ser assim resumida: com a expressiva expansão do capitalismo, em sua nova fase industrial, o proletariado não só avançava *quantitativamente*, em proporção exponencial, mas também *qualitativamente*, como vimos por suas primeiras lutas, greves e incrementos da organização sindical e política, bem como no fortalecimento da consciência de classe.

---

[55] Idem.

[56] Ibidem, p. 273.

[57] Gustav Mayer, *Friedrich Engels: uma biografia* (trad. Pedro Davoglio, São Paulo, Boitempo, 2020), p. 54.

[58] Marcelo Badaró Mattos, *A classe trabalhadora: de Marx ao nosso tempo* (São Paulo, Boitempo, 2019), p. 12.

Trataya-se, então, do advento de uma *nova classe*, fruto do desenvolvimento da indústria, que aglutinava a totalidade dos assalariados que "só vivem enquanto têm trabalho" e que, em seu labor "aument[am] o capital"[59]. Dado que o capitalismo se expandiu, desde seus inícios, objetivando a criação de um mercado mundial, para tanto ele dependia diretamente do operariado. Foi como consequência dessa tese que Engels e Marx escreveram uma frase que se tornou célebre: *o capital, em seu processo de valorização, cria o seu próprio coveiro*[60], uma vez que é inteiramente dependente do proletariado para criar a riqueza que a burguesia se apropria privadamente.

Essa contradição *ineliminável* do sistema capitalista fez com que essa *nova classe*, a *classe trabalhadora*, se convertesse na única efetivamente capaz de criar riqueza social. Ao vivenciar a exploração de sua força de trabalho e, consequentemente, gerar mais valor, ela vê seu excedente de trabalho ser inteiramente apropriado pelo capitalista (uma vez que esse sobretrabalho não gera remuneração aos trabalhadores e às trabalhadoras).

Aqui é necessário dizer que, como é o trabalho humano que cria o mais-valor, a introdução e o desenvolvimento da maquinaria, com todo o arsenal tecnológico que a acompanha, somente podem *potencializar* a produção, mas não são capazes, *por si sós*, de criar mais-valor e riqueza.

Como desdobramento dessa concretude e realidade, Marx e Engels acrescentam que o proletariado não pode "apoderar-se das forças produtivas sociais senão abolindo o modo de apropriação a elas correspondente e, por conseguinte, todo modo de apropriação existente até hoje"; o que lhe coloca um desafio crucial: os "proletários nada têm de seu a salvaguardar; sua missão é destruir todas as garantias e seguranças da propriedade privada até aqui existentes"[61].

E, reconhecendo as tantas dificuldades que decorrem desse *enorme desafio histórico*, Marx e Engels alertaram para o fato de que a "organização do proletariado em classe e, em seguida, em partido político, é incessantemente destruída pela concorrência que fazem entre si os próprios operários"[62], aflorando aqui uma clara remissão à tese engelsiana, que fora apresentada, como vimos, em seu estudo pioneiro.

Mas, dada a contradição presente na luta de classes, reiteram que a classe trabalhadora também sabe se aproveitar "das divisões internas da burguesia para obrigá-la ao reconhecimento legal" de algumas de suas lutas, "como, por exemplo, a lei da jornada de dez horas de trabalho na Inglaterra"[63].

É exatamente nesse contexto, marcado por profundas contradições, que nossos autores relembram que a burguesia, a seu tempo, também soube fazer

---

[59] Karl Marx e Friedrich Engels, *Manifesto Comunista* (trad. Álvaro Pina e Ivana Jinkings, 1. ed. rev., São Paulo, Boitempo, 2010), p. 46.
[60] Ibidem, p. 51.
[61] Ibidem, p. 50.
[62] Ibidem, p. 152.
[63] Idem.

116   *Capitalismo pandêmico*

sua revolução, quando dissolveu "todas as relações sociais antigas e cristalizadas, com seu cortejo de concepções e de ideias secularmente veneradas [...]". E isso ocorreu exatamente porque "tudo o que era sólido e estável se desmancha no ar, tudo que era sagrado é profanado [...]"[64].

É por essa força que o *Manifesto Comunista*, escrito por Marx e Engels, talvez seja o mais emblemático texto de toda a história da ação e do pensamento revolucionário do proletariado. Texto, aliás, escrito às vésperas de 1848, ano em que um "espectro rond[ou] a Europa – o espectro do comunismo"[65].

IX – Uma breve nota final

Embora a concepção de classe trabalhadora seja resultado de uma obra conjunta, escrita ao longo de décadas pelos dois criadores do socialismo científico, podemos concluir afirmando, como procuramos demonstrar neste texto, que as primeiras (e principais) formulações se encontram no magnífico livro que é *A situação da classe trabalhadora na Inglaterra* e que tanta importância teve (e ainda tem) para o avanço do pensamento anticapitalista.

Dado o intenso intercâmbio pessoal, intelectual, político e ideológico entre esses dois fundadores do marxismo, a partir de um dado momento a obra de ambos se mesclou com tal intensidade que somente os livros de autoria única podem indicar singularidades e particularidades, que por certo existem, em seus respectivos trabalhos[66].

Devemos a Engels, entretanto, a chave analítica da conceitualização da classe trabalhadora, que encontrou seu *ponto de partida* ao compreender o papel central do proletariado na *produção e reprodução da vida social*, bem como em sua efetiva presença na *luta entre as classes* que caracteriza a sociedade capitalista.

Urge esclarecer, entretanto, que essa formulação não é um *a priori*, mas, de fato, uma compreensão que foi resultado de um estudo profundamente criterioso, tanto empírica como analiticamente falando. É resultado de sua análise densa que o proletariado aflora, desde seus primeiros momentos, como a classe responsável pela criação da riqueza social e que, apesar disso, sempre foi completamente *desprovida dos meios de produção e de riqueza*.

É exatamente essa realidade que lhe confere a *possibilidade histórica* de abolir o modo de produção capitalista. Como o capital só pode se reproduzir e se ampliar pela exploração da força de trabalho viva e da consequente extração de mais--valor, estabelece-se uma *contradição insolúvel* dentro do sistema capitalista, entre

---

[64]   Ibidem, p. 43.
[65]   Ibidem, p. 39.
[66]   A esse respeito, remeto o leitor especialmente ao excelente livro *Karl Marx: uma biografia*, de José Paulo Netto (São Paulo, Boitempo, 2020), e àquele, referido anteriormente, de Gustav Mayer, *Friedrich Engels: uma biografia*, cit.

burguesia e proletariado, *contradição esta que impulsiona cotidianamente a luta de classes*, *independentemente* do fato de que ela se apresente ora *mais aberta*, como nas situações revolucionárias, ora *mais dissimulada*, quando a classe trabalhadora, em sua cotidianidade, encontra-se mais voltada para sua sobrevivência *imediata*, mais subsumida ao ideário burguês, com toda sua infinidade de mistificações, manipulações e empulhações.

E é exatamente por isso que a luta da classe trabalhadora pode tanto assumir uma *potencialidade revolucionária*, quando *tudo que parece sólido pode se desmanchar no ar*, quanto ater-se aos âmbitos mais imediatos, isto é, mais próximos do que István Mészáros ricamente denominou *consciência contingente*[67]. (Basta pensar na chamada *aristocracia operária europeia*, tão duramente criticada por Engels e Marx.) Em outras palavras, o grande atributo do proletariado (que, no passado, também foi o da burguesia) é sua efetiva possibilidade de se constituir enquanto *potência transformadora* e *revolucionária*. Mas, é preciso acrescentar, essa *possibilidade histórica* é contrabalançada pela prevalência de ações que o aproximem, em sua vida cotidiana, de uma *práxis* mais próxima da *imediatidade* e da *contingência*.

Engels foi o primeiro a demonstrar com riqueza, originalidade, densidade e contundência que a *classe trabalhadora* (ou o *proletariado*, ou ainda a *classe operária*) é fundamental pelo papel que exerce na geração de riqueza. Por conseguinte, são suas lutas, confrontações e ações revolucionárias que podem centralmente obstar a criação de riqueza apropriada privadamente pelo capital.

Mas para tanto é necessário, como desde cedo apontou Engels, que classe operária avance em direção a uma maior *consciência de classe*, isto é, a *consciência* de seu *ser*, a consciência de sua condição de existência, de classe explorada diuturnamente pelo capital, e, ao assim proceder, avance em direção à *consciência emancipada*.

Para que isso não pareça uma abstração, vamos dar, dentre tantos, somente um exemplo, que, no entanto, foi magistral: a *Comuna de Paris*, evento *revolucionário*, *social e político*, no qual o mote central foi a busca da *emancipação humana e social*, estampado limpidamente em sua principal bandeira: "*Estamos aqui pela humanidade*".

Por certo, o capitalismo contemporâneo vem complexificando seus instrumentos de dominação, suas formas de acumulação, provocando profundas alterações tanto nas formas de produção quanto na composição das classes sociais, em um processo que se desenvolveu especialmente a partir do início da década de 1970.

Com o advento do neoliberalismo e a ampliação da hegemonia do capital financeiro, pudemos presenciar uma monumental reestruturação produtiva permanente do capital em plena *crise estrutural*, a qual vem acarretando profundas consequências sociais no interior da classe trabalhadora.

---

[67] Ver o belíssimo texto de István Mészáros, "Consciência de classe necessária e consciência de classe contingente", em *Filosofia, ideologia e ciência social* (trad. Ester Vaisman, São Paulo, Boitempo, 2008), p. 55-90.

Em *Adeus ao trabalho?*, *Os sentidos do trabalho* e, mais recentemente, *O privilégio da servidão*[68], dentre outros, venho procurando oferecer uma análise mais detalhada de *quem é a classe trabalhadora hoje* e qual é *sua nova morfologia*.

Não pretendo repetir aqui as teses lá desenvolvidas, mas tão somente reconhecer que há, nesse nosso *labor* que já completou quarenta e cinco anos, uma profunda inspiração engelsiana.

Que neste momento em que a humanidade que trabalha comemora o segundo centenário de nascimento de Engels possamos ganhar força e impulsão para chegarmos mais próximos daquilo que pautou toda a vida dessa figura ímpar dentro do movimento operário.

---

[68] Ricardo Antunes. *Adeus ao trabalho? Ensaio sobre as metamorfoses e a centralidade do mundo do trabalho* (São Paulo, Cortez/Ed. Unicamp, 1995); *Os sentidos do trabalho* (São Paulo, Boitempo, 2013); *O privilégio da servidão* (São Paulo, Boitempo, 2018).

9

DESVENDANDO O RECEITUÁRIO TOYOTISTA[1]

Foi exatamente quando o mundo ocidental começou a propagar, em plena *crise estrutural do capital* e de seu *sistema de metabolismo antissocial*, o culto apologético ao nascente "milagre japonês", apresentando-o como o *novo receituário* para superar as limitações do sistema taylorista-fordista, que Satoshi Kamata pôde realizar sua primeira crítica e assim começar a desmistificar o toyotismo.

Kamata, ainda muito jovem, teve sua primeira experiência como operário em uma gráfica, que o demitiu pouco tempo depois de ele começar a participar da organização do sindicato local. Foi então que, com vinte anos, ele começou a se interessar pelas condições de vida da classe trabalhadora e principiar suas leituras em sociologia, conforme seu depoimento[2]. Formou-se em literatura pela Universidade de Waseda e abraçou a carreira de jornalista independente, o que lhe possibilitou fazer inúmeras reportagens sobre temáticas que se contrapunham ao ideário dominante do "novo capitalismo japonês"[3].

Foi entre 1972 e 1973, com pouco mais de trinta anos, que Kamata ingressou na Toyota Motor como trabalhador sazonal, modalidade de trabalho recorrente no sistema toyotista. Dessa experiência seminal resultou sua obra mais conhecida,

---

[1] Este texto foi publicado originalmente como prefácio à edição italiana do livro de Satoshi Kamata, *Toyota, la fabbrica della disperazione* (Milão, Punto Rosso/Centro Studi Raniero Panzieri, 2021).

[2] Essas informações estão na edição comemorativa de quatro décadas do livro de Satoshi Kamata, *Jidosha zetsubo koujyou: Aru kisetsu-ko no nikki* (Tóquio, Kodansha Bunko, 2011); ed. ing.: *Japan in the Passing Lane: An Insider's Account of Life in a Japanese Auto Factory* (Nova York, Pantheon, 1982). Agradeço especialmente à pesquisadora Mariana Shinohara Roncato pelas indicações sobre as várias atividades de Satoshi Kamata.

[3] Escreveu vários livros e artigos nos quais tratou de trabalho, educação e política, desenvolvendo, especialmente após o acidente nuclear de Fukushima (2011), uma ampla atividade militante nos movimentos antinucleares.

120 *Capitalismo pandêmico*

publicada em 1973, e cujo título original gerou enorme polêmica no Japão: em tradução literal, *A fábrica automotiva do desespero*[4].

Por seu *labor* cotidiano durante seis meses na Toyota, o autor pôde escrever um potente livro-denúncia em que relatou corajosamente a *face oculta* do "milagre", as adversidades, os infortúnios e os vilipêndios vivenciados pelo operariado. Seu livro se tornou, então, a primeira e mais contundente contraposição ao toyotismo, desmitificando e mostrando a exploração *toyotista* do trabalho, na qual trabalho manual e intelecto, corpo e subjetividade deveriam estar sob a sujeição do novo modelo que pretendia superar o binômio taylorismo-fordismo. Vale recordar que as precárias condições de trabalho dos imigrantes foram objeto de destaque nesse livro.

Explosivo pela contundência e autenticidade, seu depoimento converteu-se rapidamente em um *clássico* do gênero, um contraponto visceral ao livro *Sistema toyota de produção*[5], um receituário elaborado pelo engenheiro da Toyota Taiichi Ohno, uma espécie de Frederick Taylor no Japão em pleno salto pós-taylorista.

Vale recordar que *Japan in the Passing Lane*, por sua forma, conteúdo e repercussão, possui alguns similares. Podemos citar ao menos dois deles. O primeiro, intitulado *L'établi*[6], foi escrito por Robert Linhart em 1968-1969, quando o autor, então um jovem intelectual militante, trabalhou como operário na fábrica da Citroën da Porte de Choisy (Paris) e fez um relato vivo e contundente de sua experiência em um período de forte confrontação social. O segundo livro, intitulado *Ganz Unten*[7], escrito pelo jornalista Günter Wallraff, também é muito emblemático. Basta recordar que o autor se despiu de sua aparência germânica, "transformando-se" em um operário imigrante turco, e foi trabalhar nos *porões da sociedade alemã*, passando pelo McDonald's e pela empresa de mineração Thyssen. Seu depoimento sobre as condições de trabalho dos imigrantes e a situação degradante a que eram submetidos é contundente.

O principal feito de *Japan in the Passing Lane* foi desmistificar as "maravilhas" do toyotismo, que seriam pura consequência da introdução de novas tecnologias. Kamata demonstrou minuciosa e cotidianamente que a pretensa "racionalidade" da Toyota Motor Company e do toyotismo (ou ohnismo) encontrava sua fonte primeira na enorme exploração do trabalho, uma vez que seus métodos não visavam "economizar trabalho, mas, mais diretamente, eliminar trabalhadores. Por exemplo, se 33% de 'movimentos desperdiçados' são eliminados em três trabalhadores, um

---

4 Satoshi Kamata, *Jidosha zetsubo kojo: Aru kisetsu-ko no nikki* [A fábrica automotiva do desespero: diário de um trabalhador temporário] (Tóquio, Gendaishi Shuppan Kai, 1973).

5 Taiichi Ohno, *O sistema Toyota de produção: além da produção em larga escala* (trad. Cristina Schumacher, Porto Alegre, Bookman, 1997).

6 Robert Linhart, *L'établi* (Paris, Minuit, 1978) [ed. bras.: *Greve na fábrica*, trad. Miguel Arraes, Rio de Janeiro, Paz e Terra, 1986].

7 Günter Wallraff, *Cabeça de turco* (trad. Nicolino Simone Neto, 14. ed., São Paulo, Globo, 2006).

deles torna-se desnecessário"[8]. Isso lhe permitiu mostrar que um dos objetivos centrais do toyotismo era ampliar ainda mais as formas de intensificação do trabalho, conquistando a adesão dos operários ao ideário da empresa, de modo a obter uma maior exploração.

> A história da racionalização da Toyota é a história da redução do número de trabalhadores e esse é o segredo de a Toyota mostrar que, sem aumentar trabalhadores, alcança um aumento surpreendente na sua produção. Todo tempo livre durante as horas de trabalho é retirado dos trabalhadores da linha de montagem, sendo considerado desperdício. Todo o tempo, até o último segundo, é dedicado à produção.[9]

Foi com essa nova engenharia produtiva que se estruturou o sistema Toyota: na base, as equipes de trabalho (*team work*) operavam simultaneamente com várias máquinas diferentes; havia um sistema de luzes, verde, laranja e vermelho, no qual o *verde* é normal, o *laranja* é alta intensidade e o *vermelho* é risco de colapso e paralisação. Ao assim proceder, a fábrica garantia sempre o *tempo máximo de produção*, "envolvendo" as subjetividades operárias a sempre se pautarem pelos "valores" da empresa.

Toda essa nova sistemática conectava-se com o novo maquinário informacional-digital, simbiose que acabou por gerar um *novo patamar de produção e exploração*, capaz de superar aquele vigente no mundo ocidental.

Foi desse modo que a *nova via de expansão e consolidação do capitalismo monopolista* no Japão pôde ser concebida e desenhada. A crise estrutural que se acentuou a partir de 1973 obrigou os capitais e suas empresas a buscar *uma* produção mais diretamente vinculada à demanda, distinta da rigidez típica da produção em série e de massa que caracteriza o taylorismo-fordismo. Era necessário ainda dotar o trabalho de *multifuncionalidade*, tornando as fábricas flexíveis e assim possibilitando, por exemplo, a execução do trabalho *simultaneamente* em várias máquinas, tendo sempre como princípio norteador o *just-in-time*, isto é, a produção no menor tempo.

Além desses elementos, o sistema *kanban*, inspirado originalmente nos supermercados norte-americanos, garantia um *estoque sempre reduzido*, de modo a evitar as crises de superprodução. Mas faltava ainda outro elemento fundamental: para que o sistema funcionasse em toda a cadeia produtiva, criou-se um amplo sistema de terceirização e subcontratação da força de trabalho em todas as esferas da produção, o que ampliou enormemente a exploração da classe trabalhadora, além de fracioná-la e fragmentá-la ainda mais. A repressão ao *sindicalismo de classe* tornou-se imperiosa, e as empresas passaram a incentivar a criação do chamado "sindicato-casa", uma variante do *sindicalismo de empresa* que foi vital para a consolidação do toyotismo e seu espírito de colaboração de classes.

---

[8]   Satoshi Kamata, *Japan in the Passing Lane*, cit., p. 199.
[9]   Idem.

122   *Capitalismo pandêmico*

Para que o sistema Toyota pudesse avançar ao máximo no controle do *intelecto* do trabalho, foram concebidos os Círculos de Controle de Qualidade (CCQ), importante instrumento de apropriação do *savoir-faire* operário. Lembramos que a Toyota tinha como lema "proteger a empresa para proteger sua vida", e cultuava o "espírito Toyota", a "família Toyota".

Ao contrário do sistema taylorista-fordista, que expressa certo desprezo pelo *savoir-faire* operário, o ideário toyotista distingue-se por cultuá-lo, sempre segundo os valores presentes no "espírito Toyota", para assim criar novos elementos capazes de agregar *mais valor* à produção. É mais do que emblemático o lema da Toyota da cidade de Takaoka: "*Yoi kangae, yoi shina*", ou seja, "bons pensamentos significam bons produtos". A função essencial dos CCQ, então, era incentivar os trabalhadores a fazer sugestões para o benefício da empresa. Não é por outro motivo que os CCQ não podiam, por exemplo, propor uma greve para melhorar as condições de trabalho. Ao contrário, o exercício do "subjetivismo toyotista" era sempre antissindical e visava melhorar a "integração" entre trabalhadores e empresas. A *aparência* de "maior liberdade" visava, em última instância, converter as *personificações do trabalho* em *personificações do capital*. Os operários (lembramos que na Toyota a predominância era fortemente masculina) que não demonstrassem "interesse", "aptidão", "vontade", "disposição" e "desejo", como mostrei em *Os sentidos do trabalho*[10], eram substituídos por outros que se adequassem ao "espírito Toyota".

Assim, na justa direção apontada originalmente por Satoshi Kamata, podemos dizer que as consequências desse projeto foram nefastas para a classe trabalhadora, não somente no Japão, mas também nos "Tigres Asiáticos", que se expandiram na esteira do modelo japonês, como a Coreia do Sul e, poucas décadas depois, a China. E não podemos deixar de mencionar seus impactos na Europa Ocidental e no continente americano (Norte e Sul). Como pude indicar em *Adeus ao trabalho?*, com exceção do emprego vitalício que teve vigência no Japão e exclusivamente para a parcela masculina da força de trabalho, o toyotismo no Ocidente foi mais ou menos "adaptado", mais ou menos (des)caracterizado, demonstrando, no entanto, enorme potencial universalizante, que acabou por modificar o cenário produtivo global e abrir caminho para as terríveis mudanças em curso no mundo do trabalho em praticamente todas as partes do mundo.

Talvez se possa dizer, então, que a *ocidentalização* do toyotismo ajudou a dificultar, ainda mais, a busca por uma alternativa *para além do capital*, levando mais água ao moinho da exploração do trabalho, à nova variante de *moinho satânico* de que um dia falou Karl Polanyi.

---

[10] Ricardo Antunes, *Os sentidos do trabalho* (São Paulo, Boitempo, 2013).

10

O TRABALHO NA ECONOMIA DIGITAL[1]

A publicação de *Il lavoro nell'economia digitale globale* na Itália oferece aos leitores e leitoras uma rica contribuição ao estudo da classe trabalhadora neste período que é o mais destrutivo do capitalismo, não só em relação à natureza, à igualdade substantiva entre gêneros, raças e etnias, mas também em relação ao mundo do trabalho. E foi justamente quando muitos estudiosos, décadas atrás, embarcaram na onda do *fim do proletariado* e da perda de relevância da teoria do valor que Ursula Huws tornou-se uma das mais importantes vozes dissonantes na Europa.

Remando contra essa onda, que fez muito "sucesso" inicialmente, mas mostrou-se efêmera com o passar do tempo, Huws apresenta, nesse novo livro agora publicado na Itália, a condensação de importantes resultados de estudos e pesquisas sistemáticas sobre as reais condições de vida da classe trabalhadora e, em particular, do proletariado que emerge na era das tecnologias de informação e comunicação.

Apresentando evidências empíricas recolhidas tanto no solo europeu quanto em diversas partes do Sul global, a autora apresenta pistas analíticas que se contrapõem à tese eurocêntrica de que a "sociedade pós-industrial" acarretaria ineludivelmente a perda de importância e relevância do trabalho, o qual se tornaria cada vez mais "imaterial" e "digital", fazendo assim esmorecer a criação do mais-valor, que se tornaria "imensurável".

Imagino quão gratos ficaram os ideólogos do toyotismo, seja em sua variante clássica *japonesa*, seja em sua versão híbrida *chinesa*, aos defensores da tese do fim da teoria do valor-trabalho e da consequente irrelevância da força de trabalho

---

[1] Este texto foi publicado originalmente como prefácio à edição italiana de Ursula Huws, *Il lavoro nell'economia digitale globale: il cybertariato diventa maggiorenne* (Milão, Punto Rosso, 2021).

124   *Capitalismo pandêmico*

para o *sistema de metabolismo antissocial do capital*[2] em nossos dias. Os CEOs do mundo comemoraram.

Assim, a principal contribuição de *Il lavoro nell'economia digitale globale* é oferecer uma ampla investigação sobre a classe trabalhadora, partindo do conjunto da produção global, dado que a explosão das novas cadeias produtivas de valor mundializou ainda mais o capital e o mundo laborativo, sepultando as teses daqueles que sonhavam com um *welfare state* de pleno emprego, sem *hard work*, sem exploração do proletariado e respaldado por um suposto capitalismo humanizado com "justiça social".

O resultado que o livro de Huws aponta é muito diferente desse cenário imaginado. Ele mostra que o desenho que vem assumindo o novo proletariado industrial e de serviços é o da crescente precarização de suas condições de trabalho, da ampliação desmedida do desemprego estrutural, do *trabalho uberizado* ou *plataformizado*, que se expande em todos os cantos do mundo.

A autora mostra, por exemplo, que esse proletariado, embora se caracterize pela grande *heterogeneidade* em sua *forma de ser*, estampa outra tendência nefasta. Trata-se de uma persistente *homogeneidade* no cotidiano do trabalho, apesar do caráter multifacetado das atividades. E esse traço que vem permeando as condições de trabalho do novo proletariado não tem outro significado senão o de intensificar ainda mais as formas de exploração e expropriação, que se ampliam na força global de trabalho.

Foi apreendendo essas tendências que Huws, com extrema felicidade, ofereceu sua conceitualização original acerca do que denominou o *cibertariado*. Como se trata de um amplo contingente de assalariados e assalariadas cada vez mais *mundializado*, esse conceito por certo contempla *singularidades* e *particularidades* presentes nos distintos países, regiões e continentes, mas indica também uma clara tendência *universalizante*, visível quando se procura entender o trabalho no Norte e no Sul do mundo. E essa tendência acentua cada vez mais seu sentido precarizante em relação à *classe-que-vive-do-trabalho*[3].

A ampliação dos trabalhos nas plataformas digitais, indústria de *software, call centers*, telemarketing, logística, hipermercados, escritórios, turismo e hotelaria, *fast-food* etc., vem gerando o crescimento de um já expressivo contingente de trabalhadores e trabalhadoras – o *cibertariado* – que procura trabalhos cada vez mais *virtuais*. Compreender os distintos elementos que configuram *no presente* o novo proletariado da era da cibernética, da informática e da telemática, é o objetivo que a autora persegue e desenvolve nesse novo livro.

Desse modo, ao procurar um melhor entendimento de como vem se desenhando a *nova morfologia do trabalho*, Huws enfrenta um complexo universo temático.

---

[2]   István Mészáros, *Para além do capital: rumo a uma teoria da transição* (trad. Sérgio Lessa e Paulo Cezar Castanheira, São Paulo, Boitempo, 2002).

[3]   Ver Ricardo Antunes, *Os sentidos do trabalho* (São Paulo, Boitempo, 2013).

Presente, por exemplo, quando analisa as múltiplas interconexões entre classe e gênero, trabalho manual e digital, reprodução e produção do valor, e tantos outros elementos empíricos e reflexivos. Vale acrescentar que esse empreendimento intelectual vem sendo sistematicamente perseguido pela autora desde o seu seminal *The making of a cybertariat (virtual work in a real world)*[4].

Uma de suas formulações centrais talvez possa ser assim resumida: em plena era da informatização do trabalho, do mundo maquinal e digital, estamos presenciando o nascimento e ampliação do *cibertariado*, o proletariado que trabalha com informática, com o mundo digital, e que, paralelamente, vivencia uma pragmática moldada cada vez mais pela precarização que muda profundamente a forma de ser do trabalho. Aqui, Huws destaca que características do trabalho que eram consideradas excepcionais ou incomuns vêm se generalizando e se tornando práticas cada vez mais recorrentes e normais.

A mais visível e perceptível consequência dessa tendência encontramos na corrosão crescente da legislação protetora do trabalho, movimento que se expande para o conjunto da classe trabalhadora, cada vez mais marcada pela perda de direitos conquistados ao longo de muitas décadas de luta, como vemos nos tantos exemplos das lutas operárias na Itália.

Uma breve consulta ao sumário de *Il lavoro nell'economia digitale globale* mostra sua amplitude e riqueza temática: a destruição das identidades profissionais na economia do conhecimento; trabalho, identidade e divisão espacial do trabalho na cidade do século XXI; a mercadorização da atividade intelectual; a globalização do trabalho e o papel dos governos nacionais; a dialética da autonomia e do controle no trabalho criativo; a nova acumulação pela mercadorização dos serviços públicos; vida, trabalho e valor.

Como são muitas as formulações da autora, vou indicar somente alguns elementos dentre tantos que estão presentes em seu estudo. Ao contrário dos autores que "sepultaram" a teoria do valor, quer pela perda de relevância da classe trabalhadora, quer pela predominância de uma imaginada "produção imaterial" sem lastro material, Huws, embora reconheça a significativa ampliação do trabalho digital ou do trabalho não manual no mundo capitalista contemporâneo, mostra que, quando se concebe a *totalidade do trabalho em sua globalidade*, presente e em expansão nas atuais cadeias produtivas de valor, desde o seu nascimento na produção até o seu escoamento nos diversos mercados globais, a realidade é bastante diversa. Isso porque a ampliação exponencial do trabalho digital não pode invisibilizar os incomensuráveis trabalhos ditos manuais, que se esparramam especialmente pelo Sul global, onde se encontra, sempre é bom recordar, a ampla maioria da classe trabalhadora.

---

[4]   Ursula Huws, *A formação do cibertariado: trabalho virtual em um mundo real* (trad. Murilo van der Laan, Campinas, Ed. Unicamp, 2017).

A obliteração desse dado da realidade da chamada "sociedade do trabalho", para usar a conceitualização de Robert Kurz[5], fez (e ainda faz) com que se desenvolvesse a equivocada ideia de que as chamadas atividades "virtuais" são ações autônomas e, por consequência, desvinculadas do universo onde predominam as atividades materiais, que parecem desaparecer.

Aqui é preciso fazer um parêntese: em pleno século XXI, estamos vivenciando um (aparente) paradoxo. De um lado, temos uma explosão ininterrupta dos algoritmos, inteligência artificial, *big data*, 5G, internet das coisas (IoT), indústria 4.0 etc., que poderia possibilitar uma *redução significativa do tempo e da jornada de trabalho*, se o sistema de metabolismo sociorreprodutivo *não fosse comandado pelo capital. Como o leitmotiv* vigente não é outro senão a valorização do capital, o espetáculo a que estamos assistindo é o da ampliação da massa que trabalha cada vez mais dez, doze horas, quando não mais, durante seis ou sete dias da semana, sem descanso, sem férias, com salários rebaixados e mesmo degradantes, sem seguridade social e previdenciária, como se vê, por exemplo, com a expansão do trabalho uberizado ou pelas plataformas digitais[6]. E isso ao mesmo tempo que se amplia enormemente a força de trabalho sobrante (superpopulação relativa, nas palavras de Marx), que não consegue encontrar nenhum trabalho[7].

O central aqui, como Huws apreendeu em suas pesquisas em diversos países do continente europeu, é que a redução do número de trabalhadores e trabalhadoras está na *razão direta* da intensificação da exploração e obtenção de mais-valor (seja relativo, seja absoluto) na *base* da produção, que se encontra especialmente nos países da periferia do sistema e abarca países que vão da China à Índia, passando por Brasil, México, Colômbia, Argentina, África do Sul (sem deixar de indicar aqui o Leste Europeu) e outras regiões, onde os níveis de exploração do trabalho são cada vez mais intensos e em alguns casos, ilimitados. Mas é importante destacar que o desmonte da legislação social vem atingindo também o Norte, do qual são exemplares os casos da Inglaterra e dos Estados Unidos, para não falar da Itália.

Essa processualidade, intrínseca ao *sistema de metabolismo antissocial do capital*, assumiu forma particular no início da década de 1970, quando se iniciou uma *crise estrutural*[8] que converteu a *reestruturação produtiva do capital* em *processo permanente*. Foi assim que o avanço tecnológico da era digital encontrou um amplo espaço para sua expansão, tendência que se intensificou a partir da crise de 2008-2009 e possibilitou que as corporações globais, sempre sob hegemonia financeira, avan-

---

[5] Robert Kurz, *O colapso da modernização: da derrocada do socialismo de caserna à crise da economia mundial* (trad. Karen Elsabe Barbosa, São Paulo, Paz e Terra, 1992).

[6] Callum Cant, *Riding for Deliveroo: Resistance in the New Economy* (Cambridge, Polity, 2019).

[7] Ver Ricardo Antunes, "A explosão do novo proletariado de serviços", em *O privilégio da servidão* (São Paulo, Boitempo, 2018).

[8] István Mészáros, *Para além do capital*, cit.

çassem na "flexibilização" do trabalho, um eufemismo para corrosão e derrogação da legislação protetora do trabalho.

Foi nesse contexto que as plataformas digitais puderam se desenvolver e se posicionar no topo do tabuleiro do capital, suplantando até mesmo muitas corporações tradicionais. Conseguiram combinar alta tecnologia digital, incorporar amplos contingentes da força de trabalho desempregada e burlar a legislação trabalhista existente nos países onde atuam.

Como destaca Huws, nenhum *smartphone, tablet* ou assemelhado poderia funcionar sem contar com alguma forma de intervenção humana. Basta recordar que nenhum celular poderia ser produzido hoje se não houvesse o trabalho de extração mineral, que é realizado muitas vezes em minas chinesas, africanas ou latino-americanas e fornece a matéria-prima básica para a produção desses aparelhos. Sem essa e tantas outras atividades, não poderiam nem mesmo existir celulares, computadores, satélites, algoritmos, *big data*, internet das coisas, indústria 4.0, 5G etc.

Desse modo, a tese central desse livro nos ajudará muito a compreender que há uma imbricação indissolúvel entre as atividades digitais e manuais, dada a complexidade atingida nas últimas décadas, tanto pela *divisão internacional do trabalho* quanto pela *divisão sociossexual, racial e étnica do trabalho*. E isso sem falar do enorme limite dessas definições rígidas: como ressaltou Gramsci, não existe dicotomia profunda entre *homo faber* e *homo sapiens*.

Segundo a autora, então, é necessário pesquisar a real interdependência entre as atividades que ela denomina de "criação" e aquelas que são mais "rotineiras" e estão se ampliando no mundo produtivo virtual, com suas ferramentas de comando digital, *softwares* etc. Cada vez mais inseridas nas fábricas, no agronegócio, escritórios, serviços, comércio etc., essas atividades não poderiam existir sem a produção de mercadorias que se originam, por exemplo, nas *sweatshops* da China e em outros países do Sul.

Isso evidencia o fato de que a obtenção de uma efetiva intelecção do mundo *virtual*, dos algorítmicos e da inteligência artificial, nos obriga a reconhecer que o trabalho digital só encontra efetivas condições de expansão ao interagir com o mundo real do trabalho.

Aqui aflora outra importante hipótese teórica (presente também na pesquisa de Huws) que contrasta diretamente com as teses do fim do valor-trabalho. Isso porque na empresa dita "moderna", cada vez mais liofilizada (que na indústria 4.0 o capital denomina mistificadoramente *fábrica inclusiva*)[9], o trabalho que os capitais financeiros almejam é aquele cada vez mais *flexível*, e a remuneração passa a depender da produtividade, os direitos são cada vez mais restringidos, a organização sindical passa a ser obstada (como vimos recentemente na Amazon, em sua unidade no Alabama, nos Estados Unidos), e as jornadas cada vez mais longas, em

---

[9] Ver Geraldo Augusto Pinto, "A indústria 4.0 na cadeia automotiva", em Ricardo Antunes (org.), *Uberização, trabalho digital e indústria 4.0* (São Paulo, Boitempo, 2020).

128 *Capitalismo pandêmico*

uma esdrúxula confluência entre os "tempos modernos" e as "jornadas antigas", conforme a bela síntese de Pietro Basso[10]. Particularmente nos serviços, cada vez mais "commoditizados", "mercadorizados", isto é, mais subordinados à lógica da criação de lucro, emerge um proletariado que participa (direta ou indiretamente) cada vez mais da geração de mais-valor.

Esse é o contexto em que se amplia exponencialmente, segundo a autora, a utilização das tecnologias de informação e comunicação, não somente nas fábricas e na agricultura, mas também nos escritórios, lojas, casas, condução de veículos etc., uma vez que muitas dessas atividades, cada vez mais digitais, *on-line*, tornaram-se imprescindíveis para a geração de lucros e valor.

É por isso que Ursula Huws indica que uma boa maneira de saber em quais atividades há criação de valor é estudar e acompanhar, *passo a passo*, todo o processo de produção, desde as suas ações iniciais até a distribuição final das mercadorias. Ainda que, segundo a autora, não se trate de tarefa intelectual simples, ela é possível e necessária, quando o objetivo é efetivamente compreender as novas formas de criação de mais-valor em seus "vários modos nos processos de produção" que se desenvolvem através de ferramentas de comando digital, softwares etc.

E, dado que essas distintas atividades são realizadas por assalariados e assalariadas objetivando a criação de lucro, é preciso, ainda segundo a autora, apreender aquelas atividades laborativas que se encontram *dentro do nó* e que, por isso, se tornam "diretamente produtoras de mais-valor para o capital". É aqui que reside o núcleo central, no qual se inserem as atividades laborativas geradoras de mais-valor, sugestivamente designadas pela autora de trabalho "dentro do nó"[11]. Esse processo, vale reiterar, ocorre não somente nas atividades industriais, mas também na agricultura e nos serviços commoditizados. Por isso é importante reconhecer (ao contrário da propagada e equivocada tese do fim da teoria do valor) que estamos presenciando uma enorme ampliação das formas de extração de mais-valor, traço que se evidencia ainda mais pela explosão das plataformas digitais e do trabalho uberizado, que agregam amplos contingentes da classe trabalhadora em todos os espaços do mundo.

Por certo, muitas pesquisas deverão ser feitas para que se tenha um melhor entendimento das *formas contemporâneas da teoria do valor*. E *Il lavoro nell'economia digitale globale*, de Ursula Huws, oferece uma fértil reflexão que por certo nos ajudará a decifrar melhor os tantos enigmas que o *sistema de metabolismo antissocial do capital* cria e recria para continuar em sua processualidade que, se já era *destrutiva*, com a pandemia do coronavírus tornou-se também *letal*[12].

---

[10] Pietro Basso, *Tempos modernos, jornadas antigas: vidas de trabalho no início do século XXI* (Campinas, Ed. Unicamp, 2018).

[11] Ursula Huws, *Il lavoro nell'economia digitale globale: il cybertariato diventa maggiorenne* (Milão, Punto Rosso, 2021), p. 162.

[12] Ricardo Antunes, *Coronavírus: o trabalho sob fogo cruzado* (São Paulo, Boitempo, 2020); neste volume, p. 15.

11

OS NOVOS LABORATÓRIOS DE EXPERIMENTAÇÃO DO TRABALHO[1]

I

Começo recordando uma vez mais a obra-prima de Ciro Alegría, *Grande e estranho é o mundo*[2], menos por seu conteúdo (um mergulho profundo no mundo indígena e amazônico latino-americano) e mais pela força e atualidade da metáfora presente em seu título.

Para voltarmos bem pouco no tempo, tudo parecia seguir uma normalidade lépida, faceira e ligeira em 2019. Mas podemos acrescentar: veloz como um bólido e cambaleante como um bêbado. A diferença abissal entre ricos e pobres seguia seu curso "natural" na bonança e nas crises, estas últimas convertidas em um verdadeiro *depressed continuum*, dada a profundidade da *crise estrutural* que vem assolando o sistema do capital, como dizia István Mészáros[3].

---

[1] Este texto foi publicado originalmente em Giovanni Alves e André Luís Vizzaccaro-Amaral (orgs.), *Trabalho, saúde e barbárie social: pandemia, colapso ecológico e desenvolvimento humano* (Marília, RET/Praxis, 2021). Integra nosso projeto de pesquisa *Trabalho Intermitente e Indústria 4.0*, financiado pelo CNPq (Bolsa Produtividade), e retoma ideias expostas parcialmente nos artigos "Trabalho virtual?", *ComCiência: Revista Eletrônica de Jornalismo Científico*, 10 set. 2020 (disponível em: <https://www.comciencia.br/trabalho-virtual/>); "Qual é o futuro do trabalho na era digital?", *Laborare*, v. 3, n. 4, 2020 (disponível em: <https://revistalaborare.org/index.php/laborare/article/view/46>); "Vilipêndio dos direitos trabalhistas causada pela uberização é culpa dos algoritmos?", *Folha de S.Paulo*, 8 nov. 2020 (disponível em: <https://www1.folha.uol.com.br/mercado/2020/11/vilipendio-dos-direitos-trabalhistas-causada-pela-uberizacao-e-culpa-dos-algoritmos.shtml>); "O laboratório e a experimentação do trabalho na pandemia do capital", *Le Monde Diplomatique/Brasil*, ed. 155, jun. 2020 ((disponível em: <https://diplomatique.org.br/o-laboratorio-e-a-experimentacao-do-trabalho-na-pandemia-do-capital/>).

[2] Ciro Alegría, *Grande e estranho é o mundo* (trad. Olga Savary, Rio de Janeiro, Paz e Terra, 1981).

[3] István Mészáros, *Para além do capital: rumo a uma teoria da transição* (trad. Paulo Cezar Castanheira e Sérgio Lessa, São Paulo, Boitempo, 2009).

130 *Capitalismo pandêmico*

Assim, o desenfreado relógio da tecnologia continuava, para fazer uma remissão à insuperável metáfora de Karl Polanyi[4], turbinado como um *moinho satânico*. Plasmada dominantemente pelos movimentos e imposições dos mercados e das corporações, a tecnologia de nosso tempo continuava conectada, sempre on-line. Sem direito à desconexão.

Que a devastação da natureza seguisse seu curso impiedoso e letal, que a destruição do trabalho fizesse explodir bolsões de miséria e pobreza em quase *todos os cantos do mundo*, era uma consequência inevitável do *espírito do tempo*. Afinal, a compensação se encontrava no regozijo dos novos barões globais. E foi desse modo que o mundo maquínico-informacional-digital não descansou, impelido pelo capital financeiro, o mais asséptico de todos, aquele cujo *mister é sempre fazer mais dinheiro*, como já disse um dia alguém.

Essa nova realidade "virtual" não poderia deixar de esparramar um palavrório diferenciado, um novo léxico global: *gig economy, sharing economy, platform economy, crowdsourcing, home office, home work* etc. E foi assim, na mesma onda, que o *virtual work* ganhou de vez as páginas dos jornais, revistas, internet, redes sociais, poluindo os apologéticos panfletos empresariais, repetidos *ad nauseam* por CEOs. Como quase tudo que se esparrama como vírus, o conteúdo é o que parece menos importar. O que vale é ter impacto midiático. Mas, antes de tratar contemporaneamente do trabalho virtual, é bom recordar, mesmo que sumariamente, o que é verdadeiramente *substantivo*: o *trabalho*.

II

Desde logo é preciso dizer que o terreno é tortuoso e movediço. Um verdadeiro vale-tudo. Mas, como nos ensinou o gênio Guimarães Rosa, *pão ou pães, é questão de opiniões*, e aqui vai a nossa.

Em sua ontogênese, o *trabalho* nasceu e floresceu como um autêntico exercício humano, ato imprescindível para tecer, plasmar e deslanchar a vida, produção e reprodução do ser que acabava de se tornar social. E, ao assim proceder, suplantamos o último animal pré-humano. Foi por isso que György Lukács, em sua *Ontologia do ser social*[5], recorreu a Aristóteles para apresentar os dois elementos fundamentais explicativos desse novo *ato humano*: o *pensar* e o *produzir*. Compete ao *primeiro* a delimitação da finalidade e dos meios para sua efetivação, sendo que ao segundo cabe a concreção do fim pretendido, efetivar a sua realização[6].

---

[4] Karl Polanyi, *A grande transformação: as origens de nossa época* (trad. Fanny Wrabel, 2. ed., Rio de Janeiro, Campus, 2000).

[5] György Lukács, *Para uma ontologia do ser social I* (trad. Nélio Schneider, Carlos Nelson Coutinho e Mario Duayer, São Paulo, Boitempo, 2012).

[6] Ricardo Antunes, *Os sentidos do trabalho* (São Paulo, Boitempo, 2013).

Pode-se dizer, então, que os ingleses acertaram em sua linguagem ao conceber essa *atividade humana vital* para manter o *metabolismo entre humanidade e natureza* como *work*. E assim o fizeram para que se pudesse claramente diferenciar de *labour*, aquele outro *modo de ser do trabalho* que remete a sujeição, vilipêndio, *tripalium*, e que acabou por desfigurar o trabalho, na antessala da Revolução Industrial, fazendo-o assumir uma "segunda natureza".

O trabalho deixou de ser, então, o exercício de uma *atividade vital* para a reprodução humano-social, metamorfoseando-se e convertendo-se em *força de trabalho* especial, imprescindível para a criação de uma riqueza excedente que passou a ser privadamente apropriada pela nova classe oriunda dos burgos. Introduziu-se uma transfiguração perversa, que Mészáros denominou sistema de "mediações de segunda ordem"[7]: o trabalho deixava de ter como sentido básico a criação de *bens socialmente úteis* para se transformar em *força de trabalho,* ou seja, única fonte produtora de mercadorias capaz de criar riqueza, apropriada pela burguesia para assim *valorizar o seu capital.*

Vê-se, então, ao menos nesse caso, a clara superioridade da língua de Shakespeare, pois nem *trabalho*, nem *travail*, nem *arbeit*, tampouco *lavoro* ou *trabajo*, oferecem a clareza presente no binômio *work e labour*. E, assim, o *único* meio possível de sobrevivência para as massas camponesas e urbanas, pobres e despossuídas, transformou-se indelevelmente e tornou-se uma imposição: *laborar para não desempregar.*

O *imbróglio não foi pequeno e alterou profundamente o modo de vida* da humanidade que depende do trabalho para sobreviver (o que denominei, muitos anos atrás, a *classe-que-vive-do-trabalho*). Isso se deu porque o *trabalho*, que nasceu com a aparição da humanidade e se configurou como um *valor humano-social*, transfigurou-se de modo generalizado. A partir do advento do capitalismo, converteu-se em um *des-valor* (ou *não valor*) para poder criar "livremente" um *mais-valor*, passando a ser apropriado privadamente por outrem, a classe dos proprietários dos meios de produção. A alquimia da modernidade estava, enfim, realizada.

III

A partir dessa profunda mutação, não fica difícil explicar como, em pleno século XXI, estamos vivenciando um (aparente) paradoxo. Isso porque, de um lado, temos uma explosão ininterrupta de algoritmos, inteligência artificial, *big data*, 5G, internet das coisas, indústria 4.0 etc.; de outro, encontramos uma massa crescente de trabalhadores e trabalhadoras (dada a *desigual divisão sociossexual, racial e étnica do trabalho*) laborando diuturnamente doze, catorze ou dezesseis horas, seis ou sete dias da semana, sem descanso, sem férias, com salários rebaixados e mesmo degradantes, sem seguridade social e previdenciária.

---

[7] István Mészáros, *Para além do capital*, cit., p. 71.

132   *Capitalismo pandêmico*

Para compreender essa realidade, é preciso retornar aos inícios da década de 1970, quando eclodiu uma crise estrutural profunda que levou à reestruturação global de todo o sistema produtivo. O incremento técnico-informacional-digital encontrou, então, um fértil espaço para se expandir, visto que era necessário incrementar a produtividade. E isso ocorreu enquanto o desemprego se ampliava, gerando uma força sobrante de trabalho disponível para realizar *qualquer trabalho*, sob *quaisquer condições*.

Com o aguçamento da crise, a partir de 2008-2009, as grandes corporações globais, sob o comando financeiro, intensificaram suas ações para "flexibilizar" o trabalho, eufemismo bacana para corroer, devastar e precarizar ainda mais o enorme contingente de homens e mulheres ávidos por emprego.

E se esse movimento vem ocorrendo no Norte (os casos de Inglaterra e Estados Unidos são emblemáticos), ele é muito mais intenso no Sul, onde a classe trabalhadora vem comendo o *pão que o diabo amassou*. Da China à Índia, nesse imenso mundo asiático, passando por México, Colômbia e Brasil, para citar poucos exemplos, os níveis de exploração do trabalho se exacerbam cada vez mais. Assim, o desmonte da legislação protetora do trabalho se tornou um *imperativo corporativo* (e me desculpem a horrorosa rima).

Foi nesse contexto que as plataformas digitais deslancharam. Lépidas no trato com o mundo digital, dotadas de (insustentável) leveza, desbancaram as corporações tradicionais e hoje se encontram no topo do tabuleiro do capital. Conseguiram essa proeza combinando alta tecnologia digital e absorção ampliada de força de trabalho sobrante.

Mas ainda era necessário, nessa alquimia empresarial – que décadas atrás Danièle Linhart[8], com inspiração crítica, denominou *desmedida empresarial* –, que o assalariamento assumisse uma aparência inversa, de modo a "evitar" a legislação social do trabalho. Muitos milhões foram gastos com escritórios de advocacia corporativa para encontrar a rota do sucesso, pois era preciso driblar os direitos do trabalho, a qualquer preço. Era preciso aprofundar ao limite a *desmedida* do capital.

O novo léxico corporativo precisava se revitalizar para que o cenário se assemelhasse a algo distinto: além de incorporar expressões como *colaborador, parceiro, resiliência, sinergia* etc., as plataformas deram novo impulso ao *empreendedorismo*, materializado em um personagem que sonha com a autonomia, mas na prática defronta-se cotidianamente, como se viu nas reivindicações do *breque dos apps*, com o adoecimento sem amparo de seguro-saúde ou previdência, com baixos salários, ausência de direitos, acidentes de trabalho, mortes etc., elementos que se acentuaram ainda mais durante a pandemia.

---

[8]   Danièle Linhart, *A desmedida do capital* (trad. Wanda Nogueira Caldeira Brant, São Paulo, Boitempo, 2007).

E foi assim que proliferou o que já se convencionou chamar de *trabalho uberizado*. Transfigurados e convertidos em "empreendedores", os entregadores ainda arcam com os custos dos instrumentos de trabalho (carros, motos, bicicletas, mochilas, celulares etc.)[9]. Sua condição "autônoma" é, portanto, puro falseamento. Quem define a admissão? Quem determina a atividade, o preço e o tempo das entregas? Quem pressiona, por meio de incentivos, para a ampliação do tempo de trabalho? Quem pode bloquear e dispensar *sumariamente* sem qualquer explicação? Por certo, não é o "autônomo". Assim, essa condição se desvanece, aflorando a subordinação e o assalariamento[10]. As plataformas dirão: "São os entregadores que nos procuram". É verdade, mas seria bom acrescentar que essa é a única alternativa existente hoje contra o desemprego (e aqui reside a base do regozijo das plataformas). Exigir direitos é o princípio basilar da dignidade mínima do trabalho.

Como entender, contemporaneamente, o trabalho digital, o trabalho virtual?

IV

Um primeiro ponto é ontologicamente central: se essa modalidade de trabalho não para de se expandir em escala global, é bom recordar que *smartphones, tablets* ou assemelhados não poderiam nem sequer existir sem a interação com as atividades humanas, inclusive aquela que nos remete às cavernas: o trabalho de extração mineral, realizado nas minas chinesas, africanas e latino-americanas. Não há celulares, computadores, satélites, algoritmos, *big data*, internet das coisas, indústria 4.0, 5G nem nada do chamado mundo virtual e digital que não dependa do *labor* que começa nos subterrâneos, nas zonas de extração mineral.

Como pude indicar em *O privilégio da servidão*, no plano fílmico essa concretude é exasperada em *Behemoth*, do diretor chinês Zhao Liang. Sob uma temperatura de deserto, os acidentes, as contaminações do corpo produtivo, as mutilações, as mortes são o cenário *real*, a *protoforma* que plasma o mundo *virtual* com suas tecnologias da informação[11].

E, aqui, abro um parêntese para um breve depoimento pessoal. Como sociólogo do trabalho, visitei uma única vez uma mina: foi em Criciúma, Santa Catarina. Tão breve quanto desci aos infernos, pedi para subir à superfície. Bastou – e me marcou para sempre – a inesquecível, forte e mesmo lúgubre experiência.

Assim, uma efetiva compreensão do que é contemporaneamente o trabalho virtual nos obriga a romper, desde logo, um duplo limite que oblitera seus sentidos

---

[9] Ricardo Antunes, "Trabalho intermitente e uberização do trabalho no limiar da indústria 4.0", em *Uberização, trabalho digital e indústria 4.0* (São Paulo, Boitempo, 2020).

[10] Victor Filgueiras e Ricardo Antunes, "Plataformas digitais, uberização do trabalho e regulação no capitalismo contemporâneo", em Ricardo Antunes (org.), *Uberização, trabalho digital e indústria 4.0*, cit.

[11] Ricardo Antunes, *O privilégio da servidão* (São Paulo, Boitempo, 2020).

134   *Capitalismo pandêmico*

e significados. O primeiro diz respeito ao forte traço eurocêntrico, que frequentemente "esquece" que a maior parte da força global de trabalho não está nos países do Norte. Ela se encontra *pesadamente* nos países do Sul, nas periferias globais, como China, Índia (e outros países asiáticos), além de África (África do Sul) e América Latina (Brasil, México). Esses países têm uma enorme força de trabalho, o que desde logo obsta qualquer formulação "generalizante" acerca dos significados do trabalho, quando se restringe estritamente ao Norte e exclui o Sul.

O segundo limite é, em alguma medida, consequência do anterior. Dada a complexidade atingida nas últimas décadas pela *divisão internacional do trabalho*, com a consequente expansão das *novas cadeias produtivas de valor*, há uma imbricação indissolúvel entre as chamadas atividades intelectuais e aquelas ditas manuais (sabemos, por certo, do enorme limite dessas definições rígidas). Ou, nas palavras da socióloga do trabalho Ursula Huws[12], há uma profunda interdependência entre as atividades de "criação" e aquelas mais "rotineiras", que se ampliam no universo do trabalho virtual, on-line, com suas ferramentas de comando digital, softwares etc., e se inserem cada vez mais nos processos produtivos fabris, no agronegócio, nos escritórios, serviços, comércio etc. Mas é imperioso enfatizar, uma vez mais, que tais atividades não poderiam sequer existir sem a produção de mercadorias que se originam em espaços como as *sweatshops* da China ou outros espaços produtivos do Sul.

Ainda segundo Huws, sem a produção de energia, cabos, computadores, celulares e tantos outros produtos materiais; sem o fornecimento das matérias-primas; sem o lançamento de satélites espaciais para transmitir os sinais; sem a construção de edifícios onde tudo isso é produzido e vendido; sem a produção e a condução de veículos que viabilizem sua distribuição; sem toda essa infraestrutura material, a *internet* nem sequer existiria e menos ainda poderia ser conectada[13].

Recentemente, nas plataformas digitais essa realidade vem se exacerbando ao limite. Os *algoritmos*, concebidos e desenhados pelas corporações globais para controlar os *tempos, ritmos e movimentos* de *todas* as atividades laborativas, foram o ingrediente que faltava para, sob uma *falsa aparência de autonomia*, impulsionar, comandar e induzir modalidades intensas de extração do sobretrabalho, nas quais as jornadas de doze, catorze ou mais horas de trabalho estão longe de ser a exceção[14].

E essas condições de trabalho, que se expandem no mundo das plataformas digitais, encontram na realidade brasileira as "mais favoráveis" condições para se expandir, dada a vigência, entre nós, da *superexploração do trabalho*, que é uma característica distintiva do nosso capitalismo. Aqui, desde cedo, o assalariamento

---

[12] Ursula Huws, *Labor in the Global Digital Economy: The Cybertariat Comes of Age* (Londres, Merlin, 2014), p. 157.

[13] Ibidem, p. 157-8. Ver também Ursula Huws, *A formação do cibertariado: trabalho virtual em um mundo real* (trad. Murilo van der Laan, Campinas, Ed. Unicamp, 2017).

[14] Ricardo Antunes, "Trabalho intermitente e uberização do trabalho no limiar da indústria 4.0", cit.

convive com *precarização, informalidade, burla ou mesmo inexistência* de legislação protetora do trabalho.

Assim, o curioso mundo *virtual* algorítmico convive muito bem com um trágico mundo *real*, onde a predação ilimitada do corpo produtivo do trabalho regride à fase pretérita do capitalismo, quando este deslanchava sua *acumulação primitiva* com base no binômio *exploração* e *espoliação*, ambos ilimitados[15].

Ao contrário de um imaginário mundo do trabalho virtual, *ascético, limpo, paradisíaco*, dadas as clivagens e diferenciações presentes na desigual divisão internacional do trabalho, estamos presenciando, simultaneamente, a expansão do trabalho virtual e a ampliação do trabalho manual, visto que aquele depende indelevelmente de uma infinitude de ações humanas que se desenvolvem no mundo *coisal*, objetivo, material.

Portanto, uma efetiva compreensão do significado *real do trabalho digital, virtual*, não pode obliterar e "apagar" os traços centrais acima indicados, que tornaram o mundo do capital de nosso tempo um complexo emaranhado. E que a pandemia exasperou e desnudou ainda mais intensamente.

V

Já indicamos anteriormente que a gramática do capital, que aflora com o mundo maquínico-informacional-digital, tem sido abusiva em relação aos "bons" exemplos: *platform economy, crowdsourcing, gig economy, home office, sharing economy, on-demand economy* etc.[16] E isso quando não avança para a apologia aberta, transfigurando o(a) operário(a) e apresentando-o(a) como "colaborador(a)" e "parceiro(a)", e propugnando o mito do "empreendedorismo", dentre tantas outras denominações que obliteram a realidade do mundo do trabalho e promovem vitupérios à linguagem, imputando-lhe novas "significações".

Mas a inesperada e brutal *pandemia do capital* vem demonstrando que os "colaboradores" estão sendo demitidos aos milhares, os "parceiros" estão vendo seus salários e direitos serem reduzidos, sem falar nos pequenos "empreendedores", que estão vendo sua renda se desvanecer e o mito da "liberdade sem patrão" desaparecer.

É bom recordar que, mesmo antes da explosão da pandemia, o cotidiano do trabalho já vinha expressando algo *inteiramente outro*: *informalidade, trabalho intermitente, subemprego, precariado, infoproletariado, cibertariado, escravidão digital...* terminologia crítica que floresceu a partir do dia a dia da classe trabalhadora. É por isso que sabemos, em todas as partes do globo, o que é a *uberização do trabalho*.

---

[15] Idem.

[16] Idem; Vanessa Patriota Fonseca, "O *crowdsourcing* e os desafios do sindicalismo em meio à crise civilizatória", em Rodrigo de Lacerda Carelli, Tiago Muniz Cavalcanti e Vanessa Patriota Fonseca, *Futuro do trabalho: os efeitos da revolução digital na sociedade* (Brasília, ESMPU, 2020).

136 *Capitalismo pandêmico*

Utilizando e combinando de modo ilimitado *informalidade, flexibilidade* e *precarização*, traços marcantes do capitalismo no Sul global (e que se expandem intensamente também no Norte), as grandes plataformas digitais e aplicativos, como Amazon (e Amazon Mechanical Turk), Uber (e Uber Eats), Google, Facebook, Airbnb, Cabify, 99, Lyft, IFood, Glovo, Deliveroo, Rappi etc., *mesclaram* as tecnologias informacionais com o *capital financeiro*, simbiose que traz consigo o risco da destruição e da letalidade. Nessa nova engenharia digital, os algoritmos processam um imenso volume de informações (tempo, lugar, qualidade, intensidade, ritmos etc.) e são capazes de *conduzir a força de trabalho, segundo as demandas requeridas pelas corporações, plataformas e aplicativos*, dando-lhes uma *aparência* de *neutralidade*[17]. Junto com a inteligência artificial e todo o arsenal informacional-digital canalizado para fins *estritamente lucrativos*, tudo isso vem possibilitando a criação de um *novo vilipêndio* que adultera a concretude e efetividade das relações contratuais de trabalho vigentes.

O *trabalho assalariado* se transfigura em "prestação de serviços" e é *excluído* da legislação social protetora do trabalho na maior parte dos países onde atuam as plataformas digitais. Impulsionado pelo ideário da empulhação, que fazia sonhar com um "trabalho sem patrão", *trabalho assalariado* se converteu no que denominei *escravidão digital*[18].

Jornadas de trabalho frequentemente extenuantes, muitas vezes sem folga semanal; salários baixos (que diminuíram ainda mais durante a pandemia); demissões sem qualquer justificativa; custos de manutenção de carros, motos, bicicletas, celulares e equipamentos de trabalho arcados pelo próprio trabalhador: estamos presenciando os múltiplos *experimentos* que os *laboratórios do capital* pretendem intensificar no pós-pandemia. Teremos, então, *mais exploração* e *espoliação*, além de mais redução dos *direitos do trabalho*. A existência de uma monumental *força sobrante de trabalho* em escala mundial favorece sobremaneira essa tendência destrutiva do capital.

Assim, a principal consequência social dessa tendência pode ser assim resumida: se a *desmedida empresarial* continuar ditando o tom, teremos mais *informalização* com *informatização*, agora "justificada" pela necessidade de recuperação da economia após a pandemia de covid-19.

E essa simbiose nefasta entre trabalho informal e mundo digital acarretará a expansão de "novas" modalidades de trabalho ainda mais *individualizadas* e *invisibilizadas*. Os capitais perceberam que o justo e correto isolamento social (realizado para evitar a propagação da pandemia) pode ser intensificado e assim aumentar ainda mais a fragmentação da classe trabalhadora, dificultando ações coletivas *de base* e a retomada da resistência sindical *de classe*.

---

[17] Ricardo Antunes, "Trabalho intermitente e uberização do trabalho no limiar da indústria 4.0", cit.; Vanessa Patriota Fonseca, "O *crowdsourcing* e os desafios do sindicalismo em meio à crise civilizatória", cit.

[18] Ricardo Antunes, *O privilégio da servidão*, cit.

Ao assim proceder, além de reduzir os custos e abrir espaços para uma maior corrosão dos direitos do trabalho, essas medidas tendem a ampliar ainda mais a *desigual divisão sociossexual, racial e étnica do trabalho*, intensificando o *trabalho feminino* também na esfera da *reprodução* e embaralhando de vez o *tempo de vida no trabalho* e aquele *fora do* trabalho[19].

Que esse complexo informacional-digital não tem como finalidade central os valores humano-sociais, isso é mais do que uma obviedade. Ou será que alguém acredita que a norte-americana Apple e a chinesa Huawei têm como objetivo melhorar *substantiva e igualitariamente as condições de vida e trabalho dos bilhões de homens e mulheres, branco(a)s, negro(a)s, indígenas, imigrantes, que perambulam entre desemprego, subemprego, informalidade e intermitência?*

Alguém pode imaginar que o *objetivo precípuo* dessas e outras corporações globais seja dar *trabalho digno, salários justos, vida dotada de sentido, atendimento pleno de suas necessidades materiais e simbólicas?* Não será, ao contrário, o de aumentar de modo quase ilimitado sua produtividade, dado o controle e comando que o capital financeiro mantém sob as direções *dominantes* do avanço tecnológico no mundo da produção, plasmando-o segundo as rotas de acumulação que sempre buscam sua expansão?

Não é por outro motivo que cada vez mais esses saltos tecnológicos, que deveriam efetivamente servir à humanidade e ao seu real bem-estar, acabam por concentrar ainda mais riqueza nas mãos de uma parcela ínfima da população, eliminando o *trabalho vivo* e aumentando os bolsões de desemprego e informalidade, ao mesmo tempo que expande o *trabalho morto* no espaço produtivo.

Sabemos que o avanço tecnológico é uma criação da humanidade, desde os seus primórdios. Mas o *sistema de metabolismo antissocial do capital* vem moldando e plasmando a tecnologia prioritariamente para ser capaz de gerar sempre mais valor e mais riqueza *privadamente apropriada*, não importando que essa processualidade possa, como vem fazendo, *destruir a natureza, degradar o trabalho*, além de ser, *em si e por si*, geradora inevitável de guerras, como se constata com a expansão da indústria bélica e seu consequente aumento de letalidade.

No plano das tecnologias da informação e comunicação, *aparentemente neutras*, as condições de trabalho da terceirizada global Foxconn, que produz a marca Apple em suas unidades na China, geraram dezessete tentativas de suicídio em 2010, das quais treze lamentavelmente se concretizaram, o que acabou por gerar uma importante onda de greves. Podemos lembrar também as rebeliões contra o famigerado "sistema 9-9-6" (praticado pela Huawei e tantas outras empresas chinesas do ramo

---

[19] Renan Vega Cantor, "A expropriação do tempo no capitalismo atual", em Ricardo Antunes (org.), *Riqueza e miséria do trabalho no Brasil IV* (São Paulo, Boitempo, 2019); Pietro Basso, *Tempos modernos, jornadas antigas: vidas de trabalho no início do século XXI* (Campinas, Ed. Unicamp, 2018).

138 *Capitalismo pandêmico*

digital, como a Alibaba), que significa simplesmente que o(a)s operário(a)s devem *trabalhar das 9 às 21 horas, todos os dias, seis dias por semana*. Será essa a contribuição do capitalismo chinês, exacerbando o que já era intenso no capitalismo japonês?

E assim agem os capitais (e suas corporações globais), pois sabem muito bem que a *mercadoria especial força de trabalho* é a única capaz de *desencadear* e *impulsionar* o *complexo produtivo* presente nas cadeias produtivas que hoje comandam o processo de criação de valor e riqueza social. Somente China e Índia têm um contingente espetacular de *força disponível sobrante de trabalho*, o que as converte em polos vitais da produção global.

Mas os gestores aprenderam também, ao longo destes quase três séculos de dominação, a lidar com (e contra) o trabalho. Sabendo que, se efetivassem a *completa* eliminação do *labor*, ver-se-iam na incomoda posição de *extinguir* o seu próprio *ganha-pão*. A alquimia *diária, cotidiana e ininterrupta* do capital deve sempre perseguir a *redução ao máximo do trabalho humano* e assim *potencializar ao limite* a sua produtividade.

É por isso que o capital atua aumentando ilimitadamente o arsenal *maquínico- -informacional-digital* disponível, pelo uso *ininterrupto* das tecnologias de informação e comunicação, de que são exemplos a "internet das coisas" (na indústria, IIoT, *industrial internet of things*), impressão 3D, *big data*, inteligência artificial etc., tudo isso enfeixado na mais do que emblemática proposta da indústria 4.0.

Estamos presenciando, então, um *capitalismo de plataforma* que se utiliza de um instrumental de exploração típico da *protoforma do capitalismo*. E que terá como resultante uma monumental *desantropomorfização do trabalho*[20]. E isso ocorre porque esse processo é conduzido e comandado por um *sistema de metabolismo antissocial do capital* que só pode se *reproduzir* através da *destruição*, seja da *natureza* (que jamais esteve em situação tão deplorável), seja da *força humana de trabalho* (cuja *derrelição, corrosão e dilapidação* tornaram-se absolutamente insustentáveis). Ao assim proceder, ele desconsidera a *totalidade dos limites humanos, societais, ambientais*, alternando-se entre realizar a *produção*, desenvolver a *destruição* e promover a *letalidade*, como estamos vendo com a pandemia e com o que denominei *capitalismo virótico*[21].

VI

Assim, movida por essa lógica destrutiva, expande-se em escala global o que podemos denominar a *uberização* do trabalho. Na empresa "moderna" liofilizada (que

---

[20] Essas duas teses, que fazem parte de nossa pesquisa em curso, foram apresentadas inicialmente em Ricardo Antunes, "Trabalho intermitente e uberização do trabalho no limiar da indústria 4.0", cit.

[21] Ricardo Antunes, *Coronavírus: o trabalho sob fogo cruzado* (São Paulo, Boitempo, 2020); neste volume, p. 15.

a impostura do capital denomina *fábrica inclusiva*)[22], o trabalho que os capitais financeiros exigem é aquele *flexível*: sem jornadas preestabelecidas, sem remuneração fixa, sem atividade predeterminada, sem direitos, sem sequer o direito de organização sindical. E até o sistema de "metas" é flexível: elas sempre deverão superar aquelas obtidas anteriormente.

Com os serviços cada vez mais "commoditizados", com as tecnologias de informação e comunicação a galope estonteante, a divisão setorial entre agricultura, indústria e serviços está cada vez mais interseccionada (agroindústria, serviços industriais, indústria de serviços) e, desse modo, mais submersa na lógica da mercadoria e do valor, pouco importando se este é resultante de trabalhos predominantemente materiais ou imateriais.

Contra a "rigidez" das fábricas do século do automóvel, a era do celular digital gera sua tríade destrutiva do trabalho. Terceirização, informalidade e flexibilidade tornaram-se partes indeléveis do léxico da empresa corporativa, seu novo *leitmotiv*. O trabalho intermitente expandiu-se: hoje há trabalho por algumas horas, amanhã ele evapora. As grandes corporações se enriquecem e o trabalho se depaupera. Se, anteriormente, o "voluntariado" foi imposto de modo *quase compulsório*, hoje o "empreendedorismo" é o novo elixir do ideário corporativo.

Como o sistema global do capital macula as esferas da *vida dentro e fora do trabalho* (esferas que se imbricaram e se mesclaram ainda mais durante a pandemia), a *desfetichização da sociedade do consumo* só poderá se efetivar pela *demolição do modo de produção capitalista*. O que torna sua conquista muito mais difícil, se a ação pelo *tempo livre* não se inter-relacionar *decisivamente* com a luta contra a lógica do capital e a vigência do *trabalho abstrato*.

Uma vida cheia de sentido em todas as esferas do ser social somente se realizará pelo fim das barreiras existentes entre o *tempo de trabalho* e o *tempo de não trabalho*, de modo que, a partir de uma *atividade vital* cheia de sentido, *autodeterminada*, *para além da divisão hierárquica que subordina o trabalho ao capital hoje vigente* e, portanto, sob bases inteiramente novas, possa se desenvolver uma nova sociabilidade.

Posso dar aqui um exemplo *aparentemente* simples. Se o fundamento da ação coletiva for voltado radicalmente contra as formas de alienação e estranhamento no mundo das mercadorias, a *luta imediata pela redução da jornada ou do tempo de trabalho* torna-se *inteiramente compatível* com o *direito ao trabalho* (jornada reduzida e sem redução de salário). Em vez de excludentes, tornam-se necessariamente *complementares*. Eliminado o dispêndio de tempo excedente para a produção de mercadorias (o tempo da geração de mais-valor) e o tempo de produção *destrutivo* e *supérfluo* (esferas estas controladas pelo capital), será possível resgatar o verdadeiro

---

[22] Ver o ótimo capítulo de Geraldo A. Pinto, "A indústria 4.0 na cadeia automotiva", em Ricardo Antunes (org.), *Uberização, trabalho digital e indústria 4.0*, cit.

140   *Capitalismo pandêmico*

sentido estruturante do trabalho vivo, da "atividade vital" contra o domínio e a prevalência do *trabalho abstrato* que é, como sabemos, imprescindível para o capital.

Tão central quanto o *trabalho* é também a questão *ambiental*, dada a necessidade *inadiável* de preservar e recuperar a natureza, obstando de *todos os modos* a escalada descontrolada de sua destruição. A preservação da natureza, assim como a reconversão do trabalho como *atividade vital*, coloca-se, dentre tantas outras dimensões, no centro de nossas ações[23].

Dado que estamos em um momento excepcional da história, um daqueles raros momentos em que *tudo o que parece sólido pode desmanchar*, é urgente *reinventar um modo de vida* em que a *humanidade seja dotada de sentido em suas atividades mais vitais e essenciais*. Contra a *imposição da destruição e a vigência da letalidade* – traços que caracterizam o *capitalismo virótico ou pandêmico* –, somos desafiados a *reinventar* o *imperativo* da *emancipação*. Se não quisermos ver a humanidade fenecer no *privilégio da servidão*.

---

[23] Ver nossas indicações no primeiro capítulo deste volume.

12

TRABALHO E IGUALDADE SUBSTANTIVA[1]

I

Ao escrever a "Introdução" do livro *A montanha que devemos conquistar*[2], primeira parte conhecida de sua obra póstuma *Para além do Leviatã*[3], o filósofo István Mészáros deu continuidade à elaboração de um dos elementos nodais de sua construção intelectual: a luta pela emancipação da humanidade passa indelevelmente pela conquista da *igualdade substantiva*.

Ao ilustrá-la, Mészáros recorre a um expressivo depoimento, que inspirou as ações populares durante as revoluções francesa, norte-americana e inglesa e se contrapôs aos formalismos legalistas que obstavam a conquista de avanços substantivos: "Desde tempos imemoriais, eles hipocritamente repetem: todos os homens são iguais, e desde tempos imemoriais a desigualdade mais degradante e monstruosa pesa insolentemente sobre a raça humana". Dando ainda mais concretude à reivindicação, o depoimento acrescenta: "precisamos da igualdade de direitos não só inscrita na Declaração dos Direitos do Homem e do Cidadão; *nós a queremos em nosso meio, sob os telhados das nossas casas*"[4].

Essa passagem me ocorre a propósito do trabalho, sua produção e reprodução social, tema absolutamente vital para a humanidade, em plena época em que sua derrelição ou mesmo sua devastação encontram-se em curso acelerado. Como

---

[1] Este texto foi publicado originalmente em Néri de Barros Almeida (org.), *Os direitos humanos e as profissões: diálogos fundamentais* (Campinas, BCCL/Unicamp, 2021).

[2] István Mészáros, *A montanha que devemos conquistar* (trad. Maria Izabel Lagoa, São Paulo, Boitempo, 2014).

[3] Esta "Introdução", que apresenta *A montanha que devemos conquistar*, corresponde à segunda parte de István Mészáros, *Para além do Leviatã: crítica do Estado* (trad. Nélio Schneider, São Paulo, Boitempo, 2021).

[4] István Mészáros, *A montanha que devemos conquistar*, cit., p. 22-3; grifos meus.

142   *Capitalismo pandêmico*

garantir os direitos humanos, particularmente em relação ao direito ao trabalho, em uma sociedade que apresenta uma abissal desigualdade social? Como efetivá-lo quando, mesmo antes da pandemia, em fevereiro de 2020, contabilizávamos no Brasil quase 40% da força de trabalho na informalidade e, portanto, à margem da legislação social protetora do trabalho?

O cenário é tão devastador que, em maio de 2021, a imprensa, a partir de dados do IBGE, apresentou uma manchete aparentemente "auspiciosa": a informalidade diminuíra. Mas, analisando os dados, constatava-se que muitos trabalhadores e trabalhadoras informais estavam perdendo suas ocupações. Ou seja, a imprensa acabava de apresentar a mais recente aberração social: a do(a)s trabalhador(a)s informais desempregado(a)s. E, para fechar o círculo, que inclui o desemprego *aberto* e aquele por *desalento*, terminamos o ano pandêmico de 2020 com cerca de 20 milhões de desempregados. Sem mencionar os altos níveis de subocupação e subutilização[5].

É preciso enfatizar, então, que essa abjeta desigualdade social foi exasperada, mas não foi causada pela pandemia. Ela vem sendo forjada, passo a passo, pelas incontáveis (des)construções do sistema do *capital*, que (des)estrutura a totalidade social e, em nosso solo, viceja desde o advento da Colônia. Nos (tenebrosos) dias atuais, nós atingimos, além da *destrutividade*, também a *letalidade*.

II

No Brasil, conhecemos os principais elementos estruturantes dessa tragédia humana e social. Basta lembrar que a vida comunal indígena que aqui vigorava, e foi responsável pela criação de uma sociedade verdadeiramente sustentável, foi dizimada pela chegada do emergente mundo burguês, já então movido pela lógica da mercadoria e do dinheiro.

O trabalho aqui existente, antes de sermos "descobertos" pelo "mundo civilizado", era verdadeiramente social, autônomo e prioritariamente voltado para o atendimento das necessidades (materiais e espirituais) das comunidades indígenas, mesclando, com leveza, *atividade vital, catarse e fruição*, momentos que somente podem efetivamente se inter-relacionar quando o trabalho é dotado de *sentido humano e social*. As comunidades indígenas não necessitavam dos cronômetros nem das "metas" produtivistas que nos são cada vez mais impostas.

Instaurada a "nova Colônia", nossa sociedade original se transmutou e transfigurou. Converteu-se em apêndice da Metrópole, subordinada ao "Novo Mundo". Aquilo que até então contemplava a *atividade vital* virou *predação* e *servidão*.

O que então sinalizava coágulos daquilo que os ingleses denominam *work* (para diferenciá-lo de *labour*) gerou outro monstrengo ainda mais horripilante e profundamente antissocial: aquilo que se tornou a enorme e profunda chaga que rasga e

---

5   Ver também o primeiro capítulo deste volume.

até hoje macula a sociedade brasileira. Um esquadrão assanhado de ávidos burgueses alvos, mercantis e europeus, sempre em nome da "civilização", introduziu entre nós o que é ainda nosso vilipêndio maior: para garantir a produção colonial (que Caio Prado Jr. tão bem definiu como o *sentido da colonização*), criou-se a escravidão africana, a nova *mercadoria barata* que passou a ser traficada para a *nova terra santa*.

Maryse Condé exprime algo desse sentimento de horror que maculava em profundidade a população negra *escravizada* de Barbados em seu forte e belíssimo livro *Eu, Tituba, bruxa negra do Salem:* "Sem dúvida um navio negreiro acabara de lançar âncora, pois, debaixo do toldo de palha de um Mercado, ingleses, homens e mulheres, examinavam os dentes, a língua e o sexo dos boçais (negros recém-desembarcados e não batizados), que tremiam de humilhação"[6]. Ou ainda: "Que mundo era aquele que me separava dos meus? Que me obrigava a viver entre pessoas que não falavam a minha língua, que não compartilhavam a minha religião..."[7].

No Brasil, o pretenso "país cordial" talhou para si, desde os primórdios da colonização, uma marca *animal*. Desenvolveu uma *mistura pouco fina* entre o mundo aristocrático/senhorial/escravista emergente e a burguesia mercantil florescente (ou será praguejante?), ambos deitados e acumulando riqueza sobre a *escravidão africana*. Nascia, assim, uma variante de *prussianismo colonial-escravista* que, ao mesmo tempo que sonhava com a Europa, exercitava sua pragmática *racista* e *predadora de escravos*.

Passaram-se centenas de anos, várias décadas e alguns séculos. O país "modernizou-se", mas preservou o forte traço ontogenético. A *acumulação primitiva colonial* deslanchou, virou agricultura de exportação, tornou-se indústria, metamorfoseou-se em finanças, oligopolizou-se e monopolizou-se em alguns ramos e setores[8]. *Integrou-se externamente* de modo subordinado e *desintegrou-se internamente*. Gerou aberrações inimagináveis, mesmo sabendo que exemplares desse naipe se esparramam em tantas partes do mundo.

O governo Bolsonaro, resultado de uma (só aparentemente) *esdrúxula* combinação entre *neoliberalismo primitivo* e *autocracia militarizada e tutelada*, é um exemplar dessa espécie, o que por certo parece assustador, pois foi resultado das urnas, não importando aqui sob quais condicionantes.

Nem o período da ditadura militar foi tão devastador em relação ao trabalho no Brasil como os últimos quatro anos. Os períodos anteriores por certo não foram gloriosos, longe disso. Só para citarmos alguns exemplos mais recentes, a liberação da terceirização e a contrarreforma trabalhista, ambas gestadas no governo Temer,

---

[6] Maryse Condé, *Eu, Tituba, bruxa negra do Salem* (trad. Natália Borges Polesso, 4. ed., Rio de Janeiro, Rosa dos Tempos, 2020), p. 203.

[7] Ibidem, p. 83.

[8] Ver o excelente estudo sobre o porto do Rio de Janeiro como *locus* privilegiado da *acumulação primitiva* e do tráfico de africano(a)s em Guilherme Leite Gonçalves e Sérgio Costa, *Um porto no capitalismo global: desvendando a acumulação entrelaçada no Rio de Janeiro* (Boitempo, São Paulo, 2020).

144   *Capitalismo pandêmico*

acrescidas do desmonte da previdência pública e à ameaça diuturna de Bolsonaro de implantar a *carteira de trabalho "verde e amarela"*, mostram a que ponto chegamos. No entanto, a desigualdade visceral e a devastação social, articuladas à destruição ilimitada do meio ambiente por queimadas, desmatamentos, aquecimentos decorrentes da energia fóssil, assim como ao descontrole do agronegócio, tudo nos empurra para o fundo da fossa.

Essas medidas, vale dizer, se amplificaram exponencialmente nesse terrível cenário moldado pela pandemia. Urge acrescentar, porém, que a contaminação em massa pela covid-19, além de possuir uma clara conformação corpórea, pois atinge mais letalmente o *corpo* da *classe-que-vive-do-trabalho,* articula-se *transversalmente* com as vitais dimensões de *gênero, raça e etnia.*

III

Para melhor compreendermos, ainda que de modo sintético, as tantas complexificações em torno do tema da *depleção do trabalho* no mundo atual, algumas indagações tornam-se necessárias. Que caminhos e motivações têm levado a essa monumental *derrelição*, *desmontagem* ou mesmo *devastação* do trabalho, em amplitude global e exasperadas em nosso país?

Trata-se, como tantos dizem (em geral aqueles que ficam com as benesses), de um movimento irreversível? Será que estamos caminhando, como propagandeiam, rumo a uma nova era da felicidade, agora moldada pelo mundo internético, digital e algorítmico? Na contraposição: será possível que essa "nova ordem" seja experimentada *igualitariamente* pela totalidade da população, em todos os seus quadrantes?

Esse cenário nos leva, então, a indagar por que em pleno século XXI estamos contemplando um enorme avanço tecnológico, impulsionado pelo universo informacional-digital (que enriquece ilimitadamente as novas personificações do capital), e, paralelamente, um aumento brutal dos níveis de empobrecimento e miserabilidade. As estatísticas colocam o Brasil em destaque, no topo do *ranking* da desigualdade social, com a miserabilidade esparramando-se na base da pirâmide social e o enriquecimento ampliando-se de forma concentrada no topo. Quais são, então, os reais elementos causais que podem nos ajudar a compreender esse aparente paradoxo?

Preliminarmente, é necessário recordar, ainda que de modo breve, o início da década de 1970, quando o capitalismo de base taylorista-fordista, depois de longos ciclos de ascenso e descenso, desembocou em uma *crise estrutural* de grande profundidade, o que o obrigou a reordenar suas engrenagens na esfera da dominação e nas formas de sua produção. Tanto o *welfare state*, exclusivo para um restrito e seleto grupo de países do Norte, quanto o *binômio taylorismo-fordismo* deveriam ser eliminados da "nova ordem mundial capitalista".

Foi assim que se desencadeou um amplo movimento de *reestruturação produtiva, permanente e global*, comandado pelo capital financeiro, orientado pelo ideário e

pela pragmática neoliberais, e impulsionado por um monumental avanço técnico-
-informacional-digital, com as chamadas tecnologias digitais de informação e comunicação (TDIC) à frente. Esse complexo e totalizante movimento do *sistema de
metabolismo antissocial do capital* desenvolveu-se ao mesmo tempo que o *desemprego
estrutural* se ampliava, fazendo aumentar exponencialmente a força excedente de
trabalho, cada vez mais ampla e supérflua, até se tornar, pouco a pouco e cada vez
mais, disponível para aceitar qualquer *labor*, independentemente de suas condições,
direitos e regulamentações.

A partir dos anos 2008-2009, com o enorme agravamento da *crise estrutural*, as
grandes empresas e os grandes complexos corporativos globais perderam de vez a
compostura (se é que um dia tiveram) e avançaram em sua *desmedida empresarial*,
segundo a expressão de Danièle Linhart. Foi então que, lenta e gradualmente, a
flexibilização, a *informalidade*, a *terceirização* e a *intermitência*, todas essas "maravilhas" e "modernidades" do ideário empresarial, tornaram-se o *leitmotiv* corporativo.
De *exceção* passaram, portanto, a ser cada vez mais a *regra*. O exemplo mais recente,
um verdadeiro *Frankenstein social*, atende pelo nome de *trabalho uberizado*.

Um rápido e emblemático exemplo fala por si só. Foi nesse contexto que deslancharam as chamadas plataformas digitais, que nem sequer apareciam no tabuleiro
do capital na primeira década de 2000. Elas cresceram no curso da segunda década,
com alta intensidade nos últimos anos, em pleno *capitalismo pandêmico* ou *virótico*,
conforme exposto no primeiro capítulo.

Ágeis e lépidas no manejo do universo maquínico-digital, foram pouco a pouco
destronando as grandes corporações tradicionais. Criaram um léxico que hoje se
esparrama pelo mundo: *platform economy, gig economy, crowdwork, collaborative
economy*. Isso ocorreu em conjunção com as alquimias "neutrais" dos algoritmos,
big data, 5G, internet das coisas, inteligência artificial, indústria 4.0 etc., em um
longo período de desemprego e *precarização estrutural do trabalho em escala global*. A
nova receita articula alta tecnologia digital e utilização ilimitada da força de trabalho
sobrante, o que vem gerando o que chamei de *escravidão digital*[9].

*É por isso que encontramos cada vez mais um enorme contingente de trabalhadores
e trabalhadoras que frequentemente* têm jornadas de mais de doze horas por dia,
seis ou sete dias por semana, sem direito a descanso semanal, férias ou previdência
social, e recebendo salários degradantes[10].

Amazon (e Amazon Mechanical Turk), Uber (e Uber Eats), Lyft, Google,
Cabify, 99, Lyft, IFood, Glovo, Deliveroo, Rappi, dentre tantas outras plataformas
digitais, souberam muito bem interconectar as tecnologias digitais da informação

---

[9] Idem, *O privilégio da servidão: o novo proletariado de serviços na era digital* (São Paulo, Boitempo,
2018).

[10] Um desenho empírico e analítico, com pesquisas em distintos ramos e países, pode ser encontrado
em Ricardo Antunes (org.), *Uberização, trabalho digital e indústria 4.0* (São Paulo, Boitempo,
2020).

e comunicação com a enorme massa sobrante de trabalho em escala planetária. Mas foi preciso dar um salto adiante, dar o *pulo do gato*: urgia transfigurar ainda mais o trabalho assalariado para lhe dar a *aparência de não assalariamento*. Isso lhes permitiu, em um contexto de *crise estrutural* e enorme desemprego, absorver esses enormes contingentes sem ter de lhes garantir a legislação social protetora do trabalho, driblada a qualquer preço e custo, como comprovam as fortunas pagas aos escritórios de advocacia empresarial para lhes apresentar caminhos possíveis de burla.

Além disso, era preciso avançar na mistificação empresarial. Para tal, montou-se uma monumental onda ideológica, uma verdadeira *pregação* em defesa do *empreendedorismo*, nova denominação para mascarar o assalariamento – sempre, é claro, com louros e glórias, com muita *sinergia* e ilimitada *resiliência*. Foi com esse passe de mágica que milhares (e mesmo milhões) de assalariado(a)s desempregado(a)s, do dia para a noite, tornaram-se "empresários de si mesmos", ainda que vivenciem um universo laborativo que mais os aproxima dos "proletários de si próprios". Foi assim também que se desenvolveu (e não para de se expandir) o *trabalho uberizado*, também conhecido como *trabalho plataformizado*[11], que deslocou para trabalhadores e trabalhadoras praticamente todos os custos do trabalho: são eles e elas que compram ou alugam carros, motos e bicicletas, e arcam com as despesas como mochilas, celulares, alimentação etc.

Para concluir, vale ainda uma nota final: não se pense que o *trabalho uberizado* ou *plataformizado* está restrito a motoristas e entregador(a)s. O potencial de expansão é enorme, como pude indicar em *O privilégio da servidão*. Médicos, enfermeiras, jornalistas, professores, advogados, arquitetos, engenheiros, tradutores, trabalhadoras do *care* (cuidados), empregadas domésticas, a lista não para de crescer e abrange um leque enorme de atividades desenvolvidas especialmente nos serviços.

É por isso que já há, para uma imensidão de atividades, ávidas plataformas digitais oferecendo trabalho. Uma das empresas mais poderosas do mundo hoje, a Amazon, começou vendendo livros. Atualmente, "vende" um espectro enorme de mercadorias utilizando força de trabalho em quase todos os quadrantes do mundo.

Que não se pense, então, que desse flagelo estamos livres. Não há nenhuma garantia de que um PhD hoje não possa ser um *uberizado* amanhã.

Se assim *é*, o desafio mais urgente e ao mesmo tempo mais imediato em nossos dias é *exigir direitos em todas as suas formas e modalidades de trabalho*, condição mínima para que sejam garantidos ao menos coágulos de dignidade na *atividade laborativa*.

O que já seria um primeiro passo na batalha pela *igualdade substantiva*, que se torna, então, um *imperativo crucial* de nosso tempo.

---

[11] Ver também o excelente livro organizado por Rodrigo de Lacerda Carelli, Tiago Muniz Cavalcanti e Vanessa Patriota Fonseca (orgs.), *Futuro do trabalho: os efeitos da revolução digital na sociedade* (Brasília, ESMPU, 2020).

REFERÊNCIAS BIBLIOGRÁFICAS

AGAMBEN, Giorgio. *Estado de exceção*. Trad. Iraci D. Poleti, São Paulo, Boitempo, 2004.

ALEGRÍA, Ciro. *Grande e estranho é o mundo*. Trad. Olga Savary, Rio de Janeiro, Paz e Terra, 1981.

ANDRADE, Mário de. *Macunaíma*: o herói sem nenhum caráter. Rio de Janeiro, Livros Técnicos e Científicos, 1978.

ANTUNES, Ricardo. *Adeus ao trabalho?* Ensaio sobre as metamorfoses e a centralidade do mundo do trabalho. São Paulo, Cortez/Ed. Unicamp, 1995.

_____. *O continente do labor*. São Paulo, Boitempo, 2011.

_____. *Coronavírus:* o trabalho sob fogo cruzado. São Paulo, Boitempo, 2020.

_____. *A desertificação neoliberal no Brasil:* Collor, FHC e Lula. Campinas, Editores Associados, 2004.

_____. The New Morphology of the Working Class in Contemporary Brazil. *Socialist Register: Transforming Classes*, v. 51, 2015.

_____. *O novo sindicalismo do Brasil*. 2. ed., Campinas, Pontes, 1995.

_____. *O privilégio da servidão:* o novo proletariado de serviços na era digital. São Paulo, Boitempo, 2020.

_____. *Os sentidos do trabalho*. São Paulo, Boitempo, 2013.

_____. Trabalho intermitente e uberização do trabalho no limiar da indústria 4.0. In: _____ (org.). *Uberização, trabalho digital e indústria 4.0*. São Paulo, Boitempo, 2020.

_____. O vilipêndio do coronavírus e o imperativo de reinventar o mundo. In: TOSTES, Anjuli; MELO FILHO, Hugo (orgs.). *Quarentena:* reflexões sobre a pandemia e depois. Bauru, Canal 6, 2020.

_____ (org.). *Uberização, trabalho digital e indústria 4.0*. São Paulo, Boitempo, 2020.

_____; BRAGA, Ruy (orgs.). *Infoproletários:* degradação real do trabalho virtual. São Paulo, Boitempo, 2009.

BADARÓ MATTOS, Marcelo. *A classe trabalhadora:* de Marx ao nosso tempo. São Paulo, Boitempo, 2019.

BASSO, Pietro. *Tempos modernos, jornadas antigas:* vidas de trabalho no início do século XXI. Trad. Patricia Villen, Campinas, Ed. Unicamp, 2018.

_____ (org.). *Razzismo di stato*: Stati Uniti, Europa, Italia. Milão, FrancoAngeli, 2010.

BERNARDO, João. *Transnacionalização do capital e fragmentação dos trabalhadores*. São Paulo, Boitempo, 2000.

BRAVERMAN, Harry. *Trabalho e capital monopolista:* a degradação do trabalho no século XX. Trad. Nathanael C. Caixeiro, 3. ed., Rio de Janeiro, LTC, 1987.

CANT, Callum. *Riding for Deliveroo:* Resistance in the New Economy. Cambridge, Polity, 2019.

CANTOR, Renan Vega. A expropriação do tempo no capitalismo atual. In: ANTUNES, Ricardo (org.). *Riqueza e miséria do trabalho no Brasil IV*. São Paulo, Boitempo, 2019.

CARELLI, Rodrigo de Lacerda; CAVALCANTI, Tiago Muniz; FONSECA, Vanessa Patriota (orgs.), *Futuro do trabalho: os efeitos da revolução digital na sociedade*. Brasília, ESMPU, 2020.

CASANOVA, Pablo González (org.). *Historia del movimiento obrero en América Latina*. México, Siglo XXI, 1984, 4 v.

CHASIN, J. *O integralismo de Plinio Salgado*. São Paulo, Editora Ciências Humanas, 1978.

CHESNAIS, François. *A mundialização do capital*. Trad. Silvana Finzi Foá, São Paulo, Xamã, 1996.

CNI. 101 propostas para modernização trabalhista. Disponível em: <https://www.portaldain-dustria.com.br/publicacoes/2013/2/101-propostas-para-modernizacao-trabalhista/>. Acesso em: 24 mar. 2022.

CONDE, Maryse. *Eu, Tituba, bruxa negra do Salem*. Trad. Natália Borges Polesso, Rio de Janeiro, Rosa dos Tempos, 2020.

CUT. Greve geral contra a reforma da Previdência para o Brasil. Disponível em: <https://www.cut.org.br/noticias/greve-geral-contra-a-reforma-da-previdencia-para-o-brasil-d107>. Acesso em: 14 jun. 2019.

DAVIDSON, Neil. Uneven and Combined Development: Between Capitalist Modernity and Modernism. In: CHRISTIE, James; DEGIRMENCIOGLU, Nesrin. *Cultures of Uneven and Combined Development* (Leiden, Brill, 2019) [ed. bras.: DAVIDSON, Neil. Desenvolvimento desigual e combinado: modernidade, modernismo e revolução permanente, trad. Pedro Rocha de Oliveira, São Paulo, Ideias Baratas/Unesp, 2020].

DIAS, Helena. Chega uma hora que a saída é ao modo do filme Bacurau, entende? Entrevista com Ricardo Antunes. *Marco Zero Conteúdo*, 25 mar. 2020.

DOMENICI, Thiago. Faculdades da Laureate substituem professores por robô sem que alunos saibam. In: *Folha de S. Paulo*, 2 mai. 2020. Disponível em: <https://www1.folha.uol.com.br/educacao/2020/05/faculdades-da-laureate-substituem-professores-por-robo-sem-que-alunossaibam.shtml>. Acesso em: 13 maio 2020.

DRUCK, Maria da Graça. *Terceirização*: (des)fordizando a fábrica. São Paulo, Boitempo, 1999.

ENGELS, Friedrich. *Dialética da natureza*. Trad. Nélio Schneider, São Paulo, Boitempo, 2020.

_____. *Esboço para uma crítica da economia política*: e outros textos de juventude. Trad. Nélio Schneider, São Paulo, Boitempo, 2021.

_____. *A origem da família, da propriedade privada e do Estado*. Trad. Nélio Schneider, São Paulo, Boitempo, 2019.

_____. *A situação da classe trabalhadora na Inglaterra*. Trad. B. A. Schumann, 1. ed. rev., São Paulo, Boitempo, 2008.

FERNANDES, Florestan. *Capitalismo dependente e classes sociais na América Latina*. 4. ed. rev., São Paulo, Global, 2009.

_____. *A revolução burguesa no Brasil*. São Paulo, Globo, 2006.

FILGUEIRAS, Vitor; ANTUNES, Ricardo. Plataformas digitais, uberização do trabalho e regulação no capitalismo contemporâneo. In: ANTUNES, Ricardo (org.). *Uberização, trabalho digital e indústria 4.0.* São Paulo, Boitempo, 2020.

FONSECA, Vanessa Patriota. O *crowdsourcing* e os desafios do sindicalismo em meio à crise civilizatória. In: CARELLI, Rodrigo de Larcerda; CAVALCANTI, Tiago Muniz; FONSECA, Vanessa Patriota. *Futuro do trabalho:* os efeitos da revolução digital na sociedade. Brasília, ESMPU, 2020.

GJERGJI, Iside. *Sociologia della tortura:* immagine e pratica del supplizio postmoderno. Veneza, Ca' Foscari, 2019.

GRAMSCI, Antonio. *Cadernos do cárcere.* Trad. Carlos Nelson Coutinho, 5. ed., Rio de Janeiro, Civilização Brasileira, 2010.

_____. *Escritos políticos.* Trad. Carlos Nelson Coutinho, Rio de Janeiro, Civilização Brasileira, 2004, v. 1.

_____. *Maquiavel, a política e o Estado moderno.* Trad. Luiz Mario Gazzaneo, 7. ed., Rio de Janeiro, Civilização Brasileira, 1989.

_____. Racionalización de la producción y del trabajo. In: SACRISTÁN, Manuel (org.). *Antologia:* Antonio Gramsci. México, Siglo XXI, 1977.

GRANATO, Natália. Nós temos que reinventar um novo modo de vida. Entrevista com Ricardo Antunes. *Contrapoder,* 5 abr. 2020.

GONÇALVES, Guilherme Leite; COSTA, Sérgio. *Um porto no capitalismo global:* desvendando a acumulação entrelaçada no Rio de Janeiro. Boitempo, São Paulo, 2020.

HARVEY, David. *The Condition of Postmodernity.* Oxford, Blackwell, 1989 [ed. bras.: *A condição pós-moderna.* Trad. Adail Ubirajara Sobral e Maria Stela Gonçalves, 23. ed., São Paulo, Loyola, 2012].

_____. *O enigma do capital e as crises do capitalismo.* Trad. João Alexandre Pechanski, São Paulo, Boitempo, 2011.

_____. Política anticapitalista em tempos de coronavírus. In: *Blog da Boitempo.* Disponível em: <https://blogdaboitempo.com.br/2020/03/24/david-harvey-politica-anticapitalista-em-tempos-de-coronavirus/>. Acesso em: 13 maio 2020.

HUWS, Ursula. *A formação do cibertariado:* trabalho virtual em um mundo real. Trad. Murilo van der Laan, Campinas, Ed. Unicamp, 2017.

_____. *Il lavoro nell'economia digitale globale:* il cybertariato diventa maggiorenne. Milão, Punto Rosso, 2021.

_____. *Labor in the Global Digital Economy:* The Cybertariat Comes of Age. Londres, Merlin, 2014.

IBGE, *Indicadores IBGE, Pesquisa Nacional por Amostra de Domicílios Contínua. Divulgação Especial. Medidas de Subutilização da Força de Trabalho no Brasil,* 1º trimestre de 2019.

_____. *PNAD Contínua.* 3º trimestre. de 2021. Divulgação: dezembro de 2021. Disponível em: <https://ftp.ibge.gov.br/Trabalho_e_Rendimento/Pesquisa_Nacional_por_Amostra_de_Domicilios_continua/Mensal/Quadro_Sintetico/2021/pnadc_202110_quadroSintetico.pdf> Acesso em: 13 maio 2020.

IPEA. *Texto para discussão 2528:* os desafios do passado no trabalho doméstico do século XXI: reflexões para o caso brasileiro a partir dos dados da PNAD contínua. Rio de Janeiro, Ipea, 2019. Disponível em: <https://www.ipea.gov.br/portal/images/stories/PDFs/TDs/td_2528.pdf>. Acesso em: 13 maio 2020.

KAMATA, Satoshi. *Jidosha zetsubo kojo:* Aru kisetsu-ko no nikki [The Automobile Factory of Despair: Diary of a Seasonal Worker]. Tóquio, Gendaishi Shuppan Kai, 1973.

150 *Capitalismo pandêmico*

_____. *Jidosha zetsubo koujyou:* Aru kisetsu-ko no nikki. Tóquio, Kodansha Bunko, 2011 ed. ing.: *Japan in the Passing Lane:* An Insider's Account of Life in a Japanese Auto Factory. Nova York, Pantheon, 1982.

KREIN, José Dari; BIAVASCHI, Magda; TEIXEIRA, Marilane. Emprego, trabalho e renda para garantir o direito à vida. In: *Nexo*, 17 abr. 2020. Disponível em: <https://www.nexojornal. com.br/ensaio/debate/2020/Emprego-trabalho-e-renda-para-garantir-o-direito-%C3%A0-vida>. Acesso em: 13 maio 2020.

KURZ, Robert. *O colapso da modernização:* da derrocada do socialismo de caserna à crise da economia mundial. Trad. Karen Elsabe Barbosa, Rio de Janeiro, Paz e Terra, 1992.

LINHART, Danièle. *A desmedida do capital.* Trad. Wanda Caldeira Brant, São Paulo, Boitempo, 2007.

LINHART, Robert. *L'établi.* Paris, Minuit, 1978 [ed. bras.: *Greve na fábrica,* trad. Miguel Arraes, Rio de Janeiro, Paz e Terra, 1986].

LOUREIRO, Isabel (org.). *Rosa Luxemburgo:* textos escolhidos. São Paulo, Ed. Unesp, v. 1.

LUKÁCS, György. *El asalto a la razón*: la trayectoria del irracionalismo desde Schelling hasta Hitler. Trad. Wenceslao Roces, Barcelona, Editora Grijalbo, 1967.

_____. *Ontologia dell'essere sociale II.* Roma, Riuniti, 1981.

_____. *Para uma ontologia do ser social I.* Trad. Nélio Schneider, Carlos Nelson Coutinho e Mario Duayer, São Paulo, Boitempo, 2012.

MÃE, Valter Hugo. *Homens imprudentemente poéticos.* São Paulo, Globo, 2016.

MARCUSE, Herbert. *Counterrevolution and revolt.* Boston, Beacon, 1972.

MARINI, Ruy Mauro. *Ruy Mauro Marini: vida e obra.* Expressão Popular, 2005.

MARX, Karl. *O 18 de Brumário de Luís Bonaparte.* Trad. Nélio Schneider, São Paulo, Boitempo, 2011.

_____. *O capital,* Livro I. Trad. Rubens Enderle, São Paulo, Boitempo, 2013.

_____. *O capital,* Livro III. Trad. Rubens Enderle, São Paulo, Boitempo, 2014.

_____. *Contribuição à crítica da economia política.* Trad. Florestan Fernandes, São Paulo, Expressão Popular, 2008.

_____. *Crítica da filosofia do direito de Hegel.* Trad. Rubens Enderle e Leonardo de Deus, 2. ed. rev., São Paulo, Boitempo, 2010.

_____; ENGELS, Friedrich. *Manifesto Comunista.* Trad. Álvaro Pina e Ivana Jinkings, 1. ed. rev., São Paulo, Boitempo, 2010.

MAYER, Gustav. *Friedrich Engels:* uma biografia. Trad. Pedro Davoglio, São Paulo, Boitempo, 2020.

MÉSZÁROS, István. *A crise estrutural do capital.* Trad. Francisco Raul Cornejo et al., São Paulo, Boitempo, 2009.

_____. *A montanha que devemos conquistar.* Trad. Maria Izabel Lagoa, São Paulo, Boitempo, 2014.

_____. Consciência de classe necessária e consciência de classe contingente. In: _____. *Filosofia, ideologia e ciência social.* Trad. Ester Vaisman, São Paulo, Boitempo, 2008.

_____. *Para além do capital:* rumo a uma teoria da transição. Trad. Paulo Cezar Castanheira e Sérgio Lessa, São Paulo, Boitempo, 2009.

_____. *Para além do Leviatã:* crítica do Estado. Trad. Nélio Schneider, São Paulo, Boitempo, 2021.

MOODY, Kim. Acordo encerra greve em Flint. *Revista Lutas Sociais,* n. 5, 1998.

NETTO, José Paulo. *Karl Marx*: uma biografia. São Paulo, Boitempo, 2020.

NOGUEIRA, Claudia Mazzei. *O trabalho duplicado*. São Paulo, Expressão Popular, 2011.

OHNO, Taiichi. *O sistema Toyota de produção:* além da produção em larga escala. Trad. Cristina Schumacher, Porto Alegre, Bookman, 1997.

OLIVEIRA, Francisco de. *Crítica à razão dualista/O ornitorrinco*. São Paulo, Boitempo, 2003.

PINTO, Geraldo A. A indústria 4.0 na cadeia automotiva. In: ANTUNES, Ricardo (org.). *Uberização, trabalho digital e indústria 4.0*. São Paulo, Boitempo, 2020.

POLANYI, Karl. *A grande transformação:* as origens de nossa época. Trad. Fanny Wrabel, 2. ed., Rio de Janeiro, Campus, 2000.

PRADO Jr., Caio. *A revolução brasileira*. São Paulo, Brasiliense, 1966.

SAITO, Kohei. "Marx's Theory of Metabolism in the Age of Global Ecological Crisis", *Historical Materialism*, n. 28, vol. 2 (2020), p. 3-24.

_____. *O ecossocialismo de Karl Marx:* capitalismo, natureza e a crítica inacabada à economia política. Trad. Pedro Davoglio, São Paulo, Boitempo, 2021.

SAMPAIO Jr., Plínio de Arruda. *Jornadas de junho*: a revolta popular em debate. São Paulo, Instituto Caio Prado, 2014.

SANTANA, Marco Aurélio. *Homens partidos:* comunistas e sindicatos no Brasil. São Paulo/Rio de Janeiro, Boitempo/Ed. Unirio, 2001.

SARAMAGO, José. *As intermitências da morte*. São Paulo, Companhia das Letras, 2008.

SILVER, Beverly. *Forças do trabalho:* movimentos de trabalhadores e globalização desde 1870. Trad. Fabrizio Rigout, São Paulo, Boitempo, 2005.

THE LONG BRAZILIAN CRISIS: A FORUM. Orgs. Juan Grigera e Jeffery R. Webber, *Historical Materialism*, jan. 2018.

VIANNA, Luiz Werneck. *Liberalismo e sindicato no Brasil*. Rio de Janeiro, Paz e Terra, 1976.

WALLRAFF, Günter. *Cabeça de turco*. Trad. Nicolino Simone Neto, 14. ed., São Paulo, Globo, 2006.

Ricardo Antunes retratado
por Jade Villela Berlingeri.

Publicado em maio de 2022, cinco anos após a Reforma Trabalhista do governo Temer, que representou mais um ataque aos direitos dos trabalhadores brasileiros, este livro foi composto em Adobe Garamond Pro, corpo 11/13,2, e impresso em papel Pólen Soft 80 g/m² pela gráfica Rettec, para a Boitempo, com tiragem de 5 mil exemplares.